Rechtschreibung 2000

Die aktuelle Reform

Wörterliste der geänderten Schreibungen

Erarbeitet von
Klaus Heller

Ernst Klett Verlag
Stuttgart Düsseldorf Leipzig

Gedruckt auf Papier aus
chlorfrei gebleichtem Zellstoff, säurefrei.
Umschlag mit PP-Folie kaschiert,
umweltverträglich und recycelbar.

3., aktualisierte und erweiterte Auflage   A 3   5 4 3 2 1 | 2004 2003 2002 2001 2000
Die letzte Zahl bezeichnet das Jahr dieses Druckes.
© Ernst Klett Verlag GmbH, Stuttgart 1996
Internetadresse: http://www.klett-verlag.de
Alle Rechte vorbehalten.
© „Die Reform auf einen Blick" (S. 7–24), 1996 Institut für deutsche Sprache

Redaktion: Dr. Elisabeth Vollers-Sauer, Andrea Höppner M.A.

Umschlag: Manfred Muraro, Stuttgart
Satz: Hahn Medien GmbH, Kornwestheim
Druck: Schnitzer Druck GmbH, Korb. Printed in Germany
ISBN 3-12-320666-1

Inhalt

Vorwort	4
Die Reform auf einen Blick	7
A Laut-Buchstaben-Zuordnungen	8
B Getrennt- und Zusammenschreibung	15
C Schreibung mit Bindestrich	18
D Groß- und Kleinschreibung	19
E Zeichensetzung	23
F Worttrennung am Zeilenende	23
Wörterliste	25

Vorwort

Mit diesem Nachschlagewerk soll all jenen ein Hilfsmittel an die Hand gegeben werden, die in der neuen Orthographie schreiben wollen oder in Zukunft schreiben müssen. In erster Linie ist hierbei an Lehrerinnen und Lehrer aller Fachrichtungen und an ihre Schüler und Schülerinnen gedacht sowie an deren Eltern; darüber hinaus an Verwaltungsangestellte und Beamte und natürlich an alle, die in schreibtechnischen Berufen arbeiten.
Erst nach und nach ist es erfahrungsgemäß möglich, so weit mit den neuen Regeln der deutschen Rechtschreibung vertraut zu werden, dass sich ein Nachschlagen im Einzelfall weithin erübrigt. Fürs Erste soll deshalb dieses Buch zuverlässig Anleitung und Auskunft geben. Es enthält

- einen knappen Überblick über die wesentlichen Änderungen („**Die Reform auf einen Blick**", S. 7 – S. 24) und
- in seinem Hauptteil ein alphabetisches Verzeichnis so gut wie aller Wörter des zentralen deutschen Wortschatzes, deren Schreibung eine Veränderung erfährt („**Wörterliste der geänderten Schreibungen**", S. 26 – S. 78).

Der besondere Vorteil dieses Bandes besteht in der Konzentration auf das Wesentliche, also auf die rechtschreiblichen Änderungen. Ohne den für ein Rechtschreibwörterbuch sonst unerlässlichen „Ballast" all dessen, was unverändert bleibt, ist dem Ratsuchenden hier ein rascher Zugriff auf die neuen Schreibungen möglich. Die **Gegenüberstellung der alten und der neuen Schreibung** macht nicht nur nachvollziehbar, dass die Neuregelung zu tatsächlichen Vereinfachungen führt, sondern diese Anordnung trägt auch dazu bei, dass man das gesuchte Wort schneller auffindet, weil man sich zunächst an der gewohnten Schreibung orientieren kann. Im Unterschied zum (künftigen) *Amtlichen Wörterverzeichnis*, das eine neue Schreibung nur anhand eines Wortes dokumentiert, sind in dieser Wörterliste auch Ableitungen und gelegentlich Zusammensetzungen aufgeführt. Von hier aus kann der Benutzer auf analoge Schreibungen schließen.
Bei aller Knappheit wurde darauf geachtet, dass die Wörterliste leicht lesbar ist:

[ ]   In eckigen Klammern stehen mögliche, oft auch notwendige Ergänzungen zum Stichwort, z.B. **in die Achtzig [kommen]**.

( )   Runde Klammern enthalten in der Regel Hinweise zur Bedeutung eines Stichwortes (Identifikationsangaben), z.B. **abwärtsgehen** *(schlechter werden)*. Diese Angaben sind deshalb nötig, weil man in der alten Orthographie Unterschiede in der Bedeutung z.B. zwischen **abwärtsgehen** und **abwärts gehen** *(nach unten gehen)* in der Schreibung ausdrückte. In der neuen Rechtschreibung entfällt diese Differenzierung:

    alte Schreibung   neue Schreibung
    abwärtsgehen *(schlechter werden)*   **abwärts gehen**

Vorwort

/   Orthographische Varianten werden mit einem Schrägstrich getrennt aufgeführt, wenn sie gleichberechtigt sind, z.B. **Achlaut/Ach-Laut**.

auch Wenn eine bestimmte Schreibweise bevorzugt empfohlen wird, dann wird auf die Nebenform mit *auch* verwiesen, z.B. **Bibliografie**, *auch* **Bibliographie**.

Der Schrägstrich steht außerdem, wenn bei einer Ergänzung zwei oder mehr Wörter bzw. Wortformen möglich sind, z.B. **aneinander fügen/grenzen** ...
Auch in solchen Fällen werden ausschließlich neue Schreibungen ausgewiesen; für die alte Schreibung steht hingegen in der Regel nur *ein* Beispiel.

Auch wenn demnächst die großen Wörterbücher in der neuen Rechtschreibung vorliegen, wird dieses Nachschlagebüchlein von Wert sein, weil es ausschließlich die Wörter enthält, die wir alle künftig anders schreiben müssen.

Mannheim/Leipzig, im Juli 1995
K. H.

Aktuelles zur zweiten Auflage

Am 1. Juli 1996 haben in Wien die politischen Vertreter Deutschlands, der Schweiz und Österreichs sowie eine Reihe weiterer Staaten eine Gemeinsame Erklärung zur Neuregelung der deutschen Rechtschreibung unterzeichnet. Die neue Regelung tritt am 1. August 1998 in Kraft – mit einer Übergangsfrist bis 2005. Sie ist für Schulen und Behörden verbindlich. Bereits jetzt wird in den meisten Bundesländern die neue Orthografie gelehrt und jeder kann sich dafür entscheiden, die neue Schreibung zu verwenden.
Die WÖRTERLISTE führt alle Wörter aus dem Wörterverzeichnis des amtlichen Regelwerkes auf, deren Schreibung sich ändert. Sie wurde um solche Beispiele ergänzt, deren neue Schreibung sich aus den Regeln oder in Analogie zu anderen Schreibungen ergibt. Der Text „Die Reform auf einen Blick" folgt ebenso wie das Vorwort den Regeln der neuen Rechtschreibung.
Zuverlässigkeit und rasche Handhabbarkeit dieses schmalen Bandes sollen dazu beitragen, dass alle Schreibenden mit der neuen Schreibung vertraut werden.

Mannheim/Leipzig, im September 1996
K. H.

Zur dritten Auflage

Seit dem Erscheinen der zweiten Auflage hat die neue Schreibung Einzug in alle Schulen Deutschlands, Österreichs, der Schweiz und Liechtensteins gehalten. Sie findet zugleich Anwendung bei den Behörden – und wird wenngleich mit einigen peripheren Eigenwilligkeiten – von sämtlichen deutschsprachigen Nachrichtenagenturen und so gut wie allen Presseorganen gebraucht. Darüber hinaus stellen immer mehr große wie kleinere Unternehmen auf die neue Schreibung um.

Ungeachtet aller Diskussionen hat die Neuregelung keine inhaltlichen Änderungen erfahren. Die Praxis zeigt aber, dass ein großer Bedarf darin besteht, im Zweifelsfalle direkt nachschlagen zu können. Wir haben daher das Wörterverzeichnis um solche Beispiele erweitert, die bisher nur in Analogie zu aufgeführten Schreibungen zu handhaben waren und nicht selten Unsicherheit aufkommen ließen.

So wird dieses Büchlein auch all denen eine Hilfe sein, die richtig schreiben wollen, ohne sich eingehender mit den Regeln zu befassen.

Mannheim/Leipzig, im Januar 2000
K. H.

Die Reform auf einen Blick

Die folgenden Beispiele sollen die wichtigsten Änderungen illustrieren. Auskunft in jedem konkreten Fall vermag nur das amtliche Regelwerk insgesamt – mit seinem Regelteil und seinem Wörterteil – zu geben. Die Änderungen sind mit der Unterzeichnung einer Gemeinsamen Erklärung von Deutschland, Österreich und der Schweiz am 1. Juli 1996 beschlossen worden.

A Laut-Buchstaben-Zuordnungen (einschließlich Fremdwortschreibung)

Die neuen Schreibungen stellen keinen grundsätzlichen Eingriff in das historisch gewachsene Schriftbild der deutschen Sprache dar. Frühere Vorschläge sind oft eben daran gescheitert. Die neue Regelung konzentriert sich darauf, Verstöße gegen das **Stammprinzip** zu beseitigen. Sie verfolgt also das Ziel, die gleiche Schreibung eines Wortstammes in allen Wörtern einer Wortfamilie sicherzustellen. Entscheidend dabei ist, ob ein Wort h e u t e einer Wortfamilie zugeordnet wird oder nicht.

Einzelfälle mit Umlautschreibung

alte Schreibung	neue Schreibung
behende	behände (zu Hand)
belemmert	belämmert (heute zu Lamm)
Bendel	Bändel (zu Band)
Gemse	Gämse (zu Gams)
Quentchen	Quäntchen (heute zu Quantum)
schneuzen	schnäuzen (zu Schnauze, großschnäuzig)
Stengel	Stängel (zu Stange)
überschwenglich	überschwänglich (zu Überschwang)
verbleuen	verbläuen (heute zu blau)

Die Reform auf einen Blick

alte Schreibung	neue Schreibung
aufwendig	aufwendig (zu *aufwenden*) oder aufwändig (zu *Aufwand*)
Schenke	Schenke (zu *ausschenken*) oder Schänke (zu *Ausschank*)
Wächte „Schneewehe"	Wechte (nicht zu *wachen*)
aber weiterhin: *Eltern* (trotz *alt*)	

Einzelfälle mit Verdopplung des Konsonantenbuchstabens nach kurzem Vokal

alte Schreibung	neue Schreibung
Karamel	Karamell (zu *Karamelle*)
numerieren	nummerieren (zu *Nummer*)
plazieren (placieren)	platzieren (zu *Platz*)
Stukkateur	Stuckateur (zu *Stuck*)
Tolpatsch	Tollpatsch (heute zu *toll*)

ss für ß nach kurzem Vokal

Zur Sicherstellung der gleichen Schreibung der Wortstämme wird auch der Wechsel von *ss* zu *ß* nach kurzem Vokal aufgehoben und somit konsequent *ss* geschrieben, also *Wasser/wässerig/wässrig* oder *müssen/er muss*.

Hingegen bleibt *ß* in Wörtern wie *Maß, Muße* und *Straße* erhalten und kennzeichnet nunmehr eindeutig die Länge des vorausgehenden Vokals oder einen Doppellaut vor stimmlosem *s*-Laut *(draußen, beißen)*.
Die Konjunktion *daß* wird – entsprechend der allgemeinen Regel, dass nach kurzem Vokal *ss* steht – *dass* geschrieben. Damit bleibt die Unterscheidung gegenüber dem Artikel beziehungsweise dem Relativpronomen *das* erhalten.

alte Schreibung	neue Schreibung
hassen – Haß	*hassen – Hass*
küssen – Kuß, sie küßten sich	*küssen – Kuss, sie küssten sich*
lassen – er läßt	*lassen – er lässt*
müssen – sie muß	*müssen – sie muss*
Wasser – wässerig – wäßrig	*Wasser – wässerig – wässrig*
daß	*dass*

Erhalt der Stammschreibung bei Zusammensetzungen

Wenn in Zusammensetzungen drei gleiche Konsonantenbuchstaben zusammentreffen *(Ballett + Truppe, Ballett + Tänzer)*, bleiben immer alle erhalten, also nicht nur wie schon bisher in Fällen wie *Balletttruppe,* sondern auch in Fällen wie *Balletttänzer* (bisher *Ballettänzer,* bei Trennung jedoch *Ballett-tänzer*).

alte Schreibung	neue Schreibung
Flanellappen	*Flanelllappen*
Flußsand	*Flusssand*
Ballettänzer	*Balletttänzer*
Stoffetzen	*Stofffetzen*
usw.	*usw.*
	(wie bisher *Balletttruppe*)
aber weiterhin: *dennoch, Drittel, Mittag*	

Entsprechend bleibt auch bei der Endung *-heit* ein vorausgehendes *h* erhalten: *Rohheit* (zu *roh*), *Zähheit* (zu *zäh*) statt bisher *Roheit* und *Zäheit*. Neben *selbständig* ist auch die Schreibung *selbstständig* (*selbst + ständig*) möglich.

Die Reform auf einen Blick

alte Schreibung	neue Schreibung
Roheit	Rohheit (zu *roh*)
Zäheit	Zähheit (zu *zäh*)
Zierat	Zierrat (wie *Vorrat*)
selbständig	selbständig/ selbstständig

Systematisierung in Einzelfällen

Die Schreibungen *rauh* und *Känguruh* wurden geändert zu *rau* (vgl. die Adjektive auf *au* wie *blau, grau, genau, schlau*) bzw. zu *Känguru* (vgl. andere fremdsprachige Tierbezeichnungen wie *Emu, Gnu, Kakadu*).

alte Schreibung	neue Schreibung
rauh	rau (wie *grau, schlau* usw.)
Känguruh	Känguru (wie *Gnu, Kakadu* usw.)

Entsprechend dem zugrunde liegenden Substantiv auf *-anz* oder *-enz* ist die Schreibung mit *z* (*essenziell* usw.) die Hauptform. Die bisherige Schreibung mit *t* (*essentiell* usw.) bleibt als Nebenform bestehen.

alte Schreibung	neue Schreibung
essentiell	essenziell (zu *Essenz*), auch *essentiell*
Differential	Differenzial (zu *Differenz*), auch *Differential*
differentiell	differenziell (zu *Differenz*), auch *differentiell*
Potential	Potenzial (zu *Potenz*), auch *Potential*

alte Schreibung	neue Schreibung
potentiell	*potenziell* (zu *Potenz*), auch *potentiell*
substantiell	*substanziell* (zu *Substanz*), auch *substantiell*

Fremdwörter bereiten wegen ihrer fremden Laut-Buchstaben-Zuordnungen oft besondere orthographische Schwierigkeiten. Im Widerstreit stehen der Respekt vor der fremden Sprache einerseits und die Loyalität gegenüber der Muttersprache andererseits. Angleichungen in der Schreibung (und in der Aussprache) haben seit jeher stattgefunden, betreffen im Normalfall aber nur häufig gebrauchte Wörter des Alltagswortschatzes.
Weitere Angleichungen kamen daher nur in Betracht und wurden in der Regel nur dann vorgenommen, wenn eine Entwicklung bereits angebahnt war. So ließ sich beispielsweise die in den Wortstämmen *phon, phot* und *graph* bereits vorhandene *f*-Schreibung für *ph* auf weitere Beispiele ausdehnen. Auf eine forcierte Angleichung über diese Wortstämme hinaus wurde jedoch verzichtet. Wörter wie *Philosophie, Phänomen, Metapher* oder *Sphäre* werden weiterhin wie bisher geschrieben.
War eine integrierte Schreibung schon bei den meisten Wörtern einer Gruppe vorhanden (etwa die Schreibung -*ee* statt -*é* oder -*ée: Allee, Komitee, Resümee* usw.), so wurde diese für alle Wörter als zweite zulässige Schreibung oder als bevorzugte Variante vorgeschlagen. Das gilt auch für Wörter mit den Stämmen *phon/fon, phot/fot, graph/graf* (bisher schon: *Mikrofon, Fotografie, Grafik* usw.).

Die Eindeutschung von Fremdwörtern ist zwar für jeden gewöhnungsbedürftig, doch ist dieser Schritt sinnvoll, weil die deutsche Sprache wie jede andere Sprache seit jeher das Bestreben hat, sich Fremdes zu Eigen zu machen. Im Verlaufe der Sprachgeschichte sind auf diese Weise Tausende und Abertausende aus anderen Sprachen übernommene Wörter zu heimischen Wörtern (Lehnwörtern) geworden: Aus älterer Zeit gehören dazu zum Beispiel *Esel, kaufen, Kohl, Münze, pflanzen, Senf, Straße, Tisch;* aus jüngerer Zeit beispielsweise *Bluse, Bombe, Dekan, Mais, Muster, Scheck, Streik, Tasse.*

In der Regel tritt die neue Schreibung – als fakultative Nebenform – zunächst neben die bisherige Schreibung. Dieses Verhältnis kann sich mit wachsender Vertrautheit auch allmählich umkehren, was vor allem bei Alltagswörtern oft der Fall ist.

Die Änderungen betreffen im Einzelnen die Gruppen, deren wesentliche Fälle im Folgenden aufgeführt sind:

Die Reform auf einen Blick

alte Schreibung	neue Schreibung
ai	*ai* oder *ä*
Frigidaire	Frigidaire, auch Frigidär (als Warenzeichen Frigidaire)
Necessaire	Necessaire, auch Nessessär (wie bisher schon Mohär, Sekretär, Militär, Majonäse, Polonäse usw.)
ph	*ph* oder *f*
quadrophon	quadrophon, auch quadrofon
Photometrie	Fotometrie, auch Photometrie
Geographie	Geographie, auch Geografie
Graphologe	Graphologe, auch Grafologe
Orthographie	Orthographie, auch Orthografie
Megaphon	Megaphon, auch Megafon (wie bisher schon Mikrofon, Fotografie, Grafik usw.)
Delphin	Delphin, auch Delfin (wie jetzt schon fantastisch)
gh	*gh* oder *g*
Joghurt	Joghurt, auch Jogurt
Spaghetti	Spaghetti, auch Spagetti (wie bisher schon Getto, Finn-Dingi usw.)
é und *ée*	*é/ée* oder *ee*
Bouclé	Bouclé, auch Buklee
Exposé	Exposee, auch Exposé
Kommuniqué	Kommuniqué, auch Kommunikee
Varieté	Varietee, auch Varieté

alte Schreibung	neue Schreibung
Chicorée	Chicorée, auch Schikoree (wie bisher schon Allee, Armee, Komitee, Resümee, Dragee, Haschee usw.)
qu	**qu oder k**
Kommuniqué	Kommuniqué, auch Kommunikee (wie bisher schon Etikett, Likör usw.)
ou	**ou oder u**
Bouclé	Bouclé, auch Buklee (wie bisher schon Nugat)
ch	**ch oder sch**
Ketchup	Ketschup, auch Ketchup
Chicorée	Chicorée, auch Schikoree (wie bisher schon Anschovis, Broschüre, Haschee, retuschieren, Scheck, Sketsch, transchieren usw.)
rh	**rh oder r**
Katarrh	Katarrh, auch Katarr
Myrrhe	Myrrhe, auch Myrre
Hämorrhoiden	Hämorrhoiden, auch Hämorriden
c	**c oder ss**
Facette	Facette, auch Fassette
Necessaire	Necessaire, auch Nessessär (wie bisher schon Fassade, Fasson, Rasse usw.)
th	**th oder t**
Panther	Panther, auch Panter
Thunfisch	Thunfisch, auch Tunfisch

Die Reform auf einen Blick

alte Schreibung	neue Schreibung
Hinzu kommt als Einzelfall: *Portemonnaie*	*Portmonee*, auch *Portemonnaie*

B Getrennt- und Zusammenschreibung

Im amtlichen Regelwerk von 1901/1902 war der Bereich der Getrennt- und Zusammenschreibung nicht generell geregelt. Die im Rechtschreib-Duden seit 1915 entwickelte und mit einer Vielzahl von Sonderregelungen belastete Darstellung soll vor allem dadurch überschaubarer gemacht werden, dass von der Getrenntschreibung als dem Normalfall ausgegangen wird. An die Stelle schwer handhabbarer inhaltlicher Kriterien (Zusammenschreibung „wenn ein neuer Begriff entsteht" oder „wenn die Bedeutung des Substantivs verblasst ist") treten grammatische Proben (Erweiterbarkeit, Steigerbarkeit usw.). Die wichtigsten Änderungen betreffen die folgenden Gruppen:
Verbindungen wie *Auto fahren/ich fahre Auto*, (aber bisher) *radfahren/ich fahre Rad* werden künftig generell getrennt geschrieben.

alte Schreibung	neue Schreibung
radfahren, aber *Auto fahren*	*Rad fahren* (wie *Auto fahren*)
teppichklopfen / Teppich klopfen	*Teppich klopfen*
haltmachen	*Halt machen*

Die Unterscheidung von konkreter und übertragener Bedeutung als Kriterium für Getrenntschreibung *(auf dem Stuhl sitzen bleiben)* beziehungsweise Zusammenschreibung *(in der Schule sitzenbleiben* im Sinne von ‚nicht versetzt werden') wird aufgegeben, da dieses Kriterium auch bisher so nicht funktionierte, wie die folgenden Beispiele zeigen: *im Bett liegenbleiben* (zusammen trotz konkreter Bedeutung), *mit seinem Plan baden gehen* (getrennt trotz übertragener Bedeutung ‚scheitern'). Gelten soll hier die konsequente Getrenntschreibung (bei geänderter Stellung ohnehin schon bisher: *er blieb in der Schule sitzen*). Aus dem Textzusammenhang oder aus der Sprechsituation heraus sind alle diese Fälle eindeutig zu verstehen.

alte Schreibung	neue Schreibung
sitzenbleiben (in der Schule), aber *sitzen bleiben* (auf dem Stuhl)	*sitzen bleiben*

Eine Differenzierung der Schreibung nach inhaltlichen Kriterien wird zugunsten der Getrenntschreibung auch in Fällen wie den folgenden aufgegeben:

alte Schreibung	neue Schreibung
abwärtsgehen (schlechter werden), aber *abwärts gehen* (einen Weg)	*abwärts gehen*
nahegehen (seelisch ergreifen), aber *nahe gehen* (in die Nähe gehen)	*nahe gehen* (wegen *näher gehen, sehr nahe gehen;* aber *fernsehen*)

Die folgenden Fälle werden aus Gründen der Analogie zu bereits bestehenden Schreibungen getrennt geschrieben:

alte Schreibung	neue Schreibung
gefangennehmen, aber *getrennt schreiben*	*gefangen nehmen* (wie *getrennt schreiben*)
übrigbleiben, aber *artig grüßen*	*übrig bleiben* (wie *artig grüßen*)

Bereinigt wird die Regelung von Verbindungen wie *aneinander/auseinander/beieinander* + Verb, und zwar durch generelle Getrenntschreibung, die für viele, aber nicht für alle Einzelfälle schon bisher galt.

alte Schreibung	neue Schreibung
aneinanderfügen, aber *aneinander denken*	*aneinander fügen* (wie *aneinander denken*)

Die Reform auf einen Blick

alte Schreibung	neue Schreibung
zueinanderfinden, aber zueinander passen	zueinander finden (wie *zueinander passen*)

Die Schreibung der Partizipformen richtet sich immer nach der Schreibung der jeweiligen Infinitivformen:

alte Schreibung	neue Schreibung
nahestehend laubtragende / Laub tragende (Bäume)	nahe stehend (weil *nahe stehen*) Laub tragende (Bäume) (weil *Laub tragen*)

Wie schon *so viele, wie viele* wird jetzt auch *so viel, wie viel* geschrieben:

alte Schreibung	neue Schreibung
soviel, wieviel, aber so viele, wie viele	so viel, wie viel (wie *so viele, wie viele*)

Hingegen werden alle Verbindungen mit *irgend* – wie schon bisher *irgendwer* und *irgendwohin* – zusammengeschrieben:

alte Schreibung	neue Schreibung
irgend etwas, irgend jemand, aber irgendwer, irgendwann	irgendetwas, irgendjemand (wie *irgendwer, irgendwann*)

C Schreibung mit Bindestrich

Der Bindestrich eröffnet dem Schreibenden grundsätzlich die Möglichkeit, unübersichtliche Zusammenschreibungen zu gliedern; und er lässt es zu, graphisch bzw. syntaktisch nicht vereinbare Bestandteile als eine Einheit darzustellen (*3/4-Takt*, das *In-den-Tag-hinein-Träumen* usw.). Die neue Regelung soll vor allem Ungereimtheiten beseitigen. Zugleich will sie der Entscheidung des Schreibenden mehr Raum geben durch die Verwendung des Bindestrichs seine Aussageabsicht zu verdeutlichen.

alte Schreibung	neue Schreibung
Ichform, Ichsucht, aber *Ich-Laut*	*Ichform / Ich-Form* *Ichlaut / Ich-Laut* *Ichsucht / Ich-Sucht*
17jährig, 3tonner	*17-jährig, 3-Tonner*
2pfünder	*2-Pfünder*
4silbig, *100prozentig*	*4-silbig,* *100-prozentig*
Kaffee-Ersatz	*Kaffeeersatz / Kaffee-Ersatz*
Zoo-Orchester	*Zooorchester / Zoo-Orchester*
Balletttruppe	*Balletttruppe / Ballett-Truppe*
Flußsand	*Flusssand / Fluss-Sand*

Die Schreibung mit Bindestrich findet sich bisher bei einer größeren Anzahl mehrgliedriger Anglizismen. Für diese gelten in der neuen Schreibung die gleichen Regeln wie für einheimische Zusammensetzungen, d. h. grundsätzlich Zusammenschreibung, aber zulässige Schreibung mit Bindestrich, vor allem dann, wenn Unübersichtlichkeit befürchtet wird.

alte Schreibung	neue Schreibung
After-shave-Lotion	*Aftershavelotion,* auch *After-Shave-Lotion*
Centre Court	*Centrecourt,* auch *Centre-Court*
Desktop publishing	*Desktoppublishing,* auch *Desktop-Publishing*
Midlife-crisis	*Midlifecrisis,* auch *Midlife-Crisis*

D Groß- und Kleinschreibung

Da sich für die vom *Internationalen Arbeitskreis für Orthographie* ursprünglich vorgeschlagene Kleinschreibung der Substantive keine mehrheitliche Zustimmung finden ließ, wurde im November 1994 in Wien über den Vorschlag einer modifizierten Großschreibung entschieden. Demzufolge wird die Großschreibung der Substantive beibehalten, besonders schwierige Bereiche der Groß- und Kleinschreibung werden jedoch im Sinne einer besseren Handhabung neu geregelt.

Im Gegensatz zu allen anderen Sprachen dient die Großschreibung im Deutschen nicht nur der Kennzeichnung von Satzanfängen, Eigennamen und Ausdrücken der Ehrerbietung, sondern auch zur Markierung einer Wortart: der Substantive.

Schwierigkeiten bei der Groß- und Kleinschreibung ergeben sich vor allem daraus, dass einerseits Wörter aller nichtsubstantivischen Wortarten im Text als Substantiv gebraucht werden können und dann großzuschreiben sind (*das Laufen, das Wenn und Aber, die Ewiggestrigen*). In vielen Fällen ist diese Substantivierung jedoch nur eine scheinbare, formale, so dass nach der alten Regelung keine Großschreibung eintrat (*im voraus; es ist das beste, wenn …; im nachhinein; auf dem trockenen sitzen „in finanzieller Verlegenheit sein"* usw.). Andererseits wurden in einer Reihe von Fällen ursprüngliche Substantive auch nichtsubstantivisch gebraucht (*heute abend, mittags, trotz seiner Krankheit*) und entsprechend kleingeschrieben.

Die Neuregelung zielt darauf ab, klare, wenn möglich formale Kriterien für die Großschreibung zu gewinnen. Damit kommt dem Artikelgebrauch entscheidende Bedeutung zu. Insgesamt führt das zu einer leichten Vermehrung der Großschreibung.

So werden Substantive in Verbindung mit einer Präposition (wie *im Grunde, in Bezug, mit Bezug*) oder einem Verb (z. B. *Rad fahren, Tennis spielen*) generell großgeschrieben.

alte Schreibung	neue Schreibung
in bezug auf, aber *mit Bezug auf*	*in Bezug auf* (wie *mit Bezug auf*)
radfahren, aber *Auto fahren*	*Rad fahren* (wie *Auto fahren*)

Nur noch in Verbindung mit den Verben *sein, bleiben* und *werden* schreibt man *Angst, Bange, Gram, Leid, Schuld* und *Pleite* klein (*Mir wird angst. Sie sind schuld daran.* Aber: *Ich habe Angst. Sie hat Schuld daran.*).

alte Schreibung	neue Schreibung
angst (und bange) machen, aber Angst haben	Angst (und Bange) machen (wie Angst haben)
schuld geben	Schuld geben
pleite gehen	Pleite gehen (aber bange sein, gram bleiben, pleite werden)

Großgeschrieben werden substantivierte Adjektive als Ordinalzahlen (z. B. *der Erste und der Letzte, der Nächste, jeder Dritte*), den Indefinitpronomen nahe stehende unbestimmte Zahladjektive (z. B. *alles Übrige, nicht das Geringste*) sowie Adjektive in festen Wortverbindungen (z. B. *im Klaren, im Folgenden, im Nachhinein, des Näheren* oder – bei Verwendung sowohl in wörtlicher als auch in übertragener Bedeutung – *im Dunkeln tappen, im Trüben fischen*).

alte Schreibung	neue Schreibung
der, die, das letzte	der, die, das Letzte
der nächste, bitte	der Nächste, bitte
alles übrige	alles Übrige
nicht das geringste	nicht das Geringste
im großen und ganzen	im Großen und Ganzen
des näheren	des Näheren
im allgemeinen	im Allgemeinen
es ist das beste (= am besten), wenn ...	das Beste
auf dem trockenen sitzen (in finanzieller Verlegenheit sein)	auf dem Trockenen sitzen
den kürzeren ziehen (Nachteile haben)	den Kürzeren ziehen

Bezeichnungen für Tageszeiten werden großgeschrieben, wenn sie in Verbindung mit *heute, (vor)gestern* oder *(über)morgen* stehen: *heute Mittag, gestern Abend, vorgestern Morgen.* – Als substantivische Zusammensetzung gilt die Verbindung

Die Reform auf einen Blick

von Wochentag und Tageszeit: *am Sonntagabend* (dazu das Adverb *sonntagabends*).

alte Schreibung	neue Schreibung
heute mittag	heute Mittag
gestern abend	gestern Abend
am Sonntag abend	am Sonntagabend
Sonntag abends	sonntagabends

Großgeschrieben werden Farb- und Sprachbezeichnungen in Verbindung mit Präpositionen (z. B. *in Rot, bei Grün; auf Englisch, in Deutsch*).

alte Schreibung	neue Schreibung
auf deutsch, aber bei Grün	auf Deutsch (wie *bei Grün*)

Großgeschrieben werden Paarformeln mit nicht deklinierten Adjektiven zur Bezeichnung von Personen (z. B. *Arm und Reich, Jung und Alt, Groß und Klein*).

alte Schreibung	neue Schreibung
groß und klein	Groß und Klein
jung und alt, aber Arm und Reich	Jung und Alt (wie *Arm und Reich*)

Bei Superlativen mit *aufs* ist Großschreibung (als Substantivierung: *aufs Beste, aufs Herzlichste*) oder Kleinschreibung möglich (als Komparativ: *aufs beste, aufs herzlichste*).

alte Schreibung	neue Schreibung
aufs beste	aufs beste / aufs Beste
aufs herzlichste	aufs herzlichste / aufs Herzlichste

Bei festen Fügungen aus Adjektiv und Substantiv wird das Adjektiv generell kleingeschrieben (z. B. *das schwarze Brett, die erste Hilfe, der weiße Tod*). Großschreibung tritt jedoch ein, wenn es sich um Eigennamen, d. h. um singuläre Benennungen handelt (z. B. *der Stille Ozean*). Auch Titel (z. B. *Regierender Bürgermeister*), klassifizierende Bezeichnungen in der Biologie (z. B. *Roter Milan*), besondere Kalendertage (z. B. *Heiliger Abend*) und historische Ereignisse (z. B. *der Westfälische Friede*) werden großgeschrieben.

alte Schreibung	neue Schreibung
das Schwarze Brett	*das schwarze Brett*
der Weiße Tod	*der weiße Tod*
die Erste Hilfe	*die erste Hilfe*

Ableitungen von Personennamen, wie z. B. *ohmsch*, werden generell kleingeschrieben, d. h. auch dann, wenn die persönliche Leistung gemeint ist: *das ohmsche Gesetz*. Groß wird ein Name geschrieben, wenn seine Grundform betont werden soll. Dann wird die Endung mit einem Apostroph abgesetzt: *die Grimm'schen Märchen*.

alte Schreibung	neue Schreibung
das Ohmsche Gesetz, aber *der ohmsche Widerstand*	*das ohmsche Gesetz* (wie *der ohmsche Widerstand*)

Kleingeschrieben werden die vertraulichen Anredepronomen *du* und *ihr* mit ihren zugehörigen Formen, während *Sie* und *Ihr* als Höflichkeitsanreden samt ihren flektierten Formen weiterhin großzuschreiben sind.

alte Schreibung	neue Schreibung
Du, Dein, Dir usw.	*du, dein, dir* usw.
Ihr, Euer, Euch usw.	*ihr, euer, euch* usw.
(in der vertraulichen Anrede)	

Die Reform auf einen Blick

E Zeichensetzung

Auch der Bereich der Zeichensetzung war im amtlichen Regelwerk von 1901/1902 nicht geregelt. Gegenüber der bisherigen Duden-Regelung gibt es Vereinfachungen beim Komma vor *und* und *oder* sowie in Verbindung mit Infinitiv- und Partizipgruppen. Dem Schreibenden wird hier größere Freiheit eingeräumt. Dadurch hat er mehr Möglichkeiten, dem Lesenden die Gliederung eines Satzes zu verdeutlichen und das Verstehen zu erleichtern.

Mit *und* und *oder* verbundene Hauptsätze müssen nicht mehr durch ein Komma getrennt werden.

alte Schreibung	neue Schreibung
Der Schnee schmolz dahin, und bald ließen sich die ersten Blumen sehen, und die Vögel stimmten ihr Lied an.	*Der Schnee schmolz dahin und bald ließen sich die ersten Blumen sehen und die Vögel stimmten ihr Lied an.*

Bei Infinitiv- oder Partizipgruppen wird ein Komma nur noch gesetzt, wenn sie durch eine hinweisende Wortgruppe angekündigt (1) oder wieder aufgenommen (2) werden oder wenn sie aus der üblichen Satzstruktur herausfallen (3):
   (1) *Darüber, bald zu einem Erfolg zu kommen, dachte sie lange nach.*
   (2) *Bald zu einem Erfolg zu kommen, das war ihr sehnlichster Wunsch.*
   (3) *Sie, um bald zu einem Erfolg zu kommen, schritt alsbald zur Tat.*
Zweckmäßig ist es, ein Komma zu setzen, wenn dadurch die Gliederung des Satzes verdeutlicht wird oder ein Missverständnis ausgeschlossen werden kann:
Sie begegnete ihrem Trainer(,) und dessen Mannschaft musste lange auf ihn warten.
Ich rate(,) ihm (,) zu helfen.
Alle anderen Regeln für die Zeichensetzung bei diesen Gruppen entfallen.
Die wörtliche Rede wird mit einem Komma vom Begleitsatz abgetrennt, auch wenn es sich um einen Frage- oder Ausrufesatz handelt:

alte Schreibung	neue Schreibung
„Wann kommst du wieder?" fragte sie. *„Komm bald wieder!" rief sie.*	*„Wann kommst du wieder?", fragte sie.* *„Komm bald wieder!", rief sie.*

F Worttrennung am Zeilenende

Bei der **Trennung der Wörter** wird die bisherige Regel, *st* stets ungetrennt zu lassen („Trenne nie *st*, denn es tut ihm weh!"), aufgehoben. Wörter wie *Wes-te*, *Kas-ten* werden so getrennt wie bisher schon *Wes-pe* oder *Kas-ko*.

alte Schreibung	neue Schreibung
We-ste	Wes-te
Ka-sten	Kas-ten
Mu-ster	Mus-ter

Weiterhin wird das *ck (Zucker)* bei der Worttrennung nicht mehr durch *kk* ersetzt (bisher *Zuk-ker*). Im Sinne der Beibehaltung der Stammschreibung bleibt *ck* erhalten und kommt geschlossen auf die nächste Zeile, also *Zu-cker* (ähnlich wie *ch* bzw. *sch* bei *la-chen* und *wa-schen*).

alte Schreibung	neue Schreibung
Zuk-ker	Zu-cker
lek-ken	le-cken
Bak-ke	Ba-cke

Für Fremdwörter gelten neben den bisher vorgeschriebenen Trennungen, die der Herkunftssprache Rechnung tragen *(Chir-urg, Si-gnal, Päd-agoge, par-allel, Heliko-pter)*, nun auch die für heimische Wörter geltenden Trennregeln: *Chi-rurg* (wie *Si-rup*), *Sig-nal* (wie *leug-nen*), *Pä-dagogik* (wie *ba-den*), *pa-rallel* (wie *Pa-rade*), *Helikop-ter* (wie *op-tisch*).

alte Schreibung	neue Schreibung
Chir-urg	Chir-urg / Chi-rurg
Si-gnal	Si-gnal / Sig-nal
Päd-agogik	Päd-agogik / Pä-dagogik
par-allel	par-allel / pa-rallel
Heliko-pter	Heliko-pter / Helikop-ter

Die Regelung, nach der ein einzelner Vokalbuchstabe am Wortanfang nicht abgetrennt werden darf, ist aufgehoben: *U-fer, O-fen*.
Lesehemmende Trennungen *(Seeu-fer, Altbauer-haltung)* sollte man generell vermeiden.

Wörterliste

alte Schreibung	neue Schreibung
A	
abend/Abend	
gestern/heute/morgen abend	gestern/heute/morgen Abend
Dienstag abend	Dienstagabend *vgl. dort*
abends	
Dienstag abends	dienstagabends
aberhundert[e]/Aberhundert[e]	
aberhundert *(viele hundert)* [Sterne]	aberhundert/Aberhundert [Sterne]
[hundert und] aber *(wiederum)* hundert [Sterne]	[hundert/Hundert und] aberhundert/Aberhundert [Sterne]
Aberhunderte *(viele Hunderte)* [Sterne]	aberhunderte/Aberhunderte [Sterne]
[Hunderte und] aber *(wiederum)* Hunderte [Sterne]	aberhunderte/Aberhunderte [Sterne]
abertausend[e]/Abertausend[e] *vgl.* aberhundert[e]/Aberhundert[e]	
Ablaß	**Ablass**
abscheuerregend	**Abscheu erregend/abscheuerregend** (*aber nur:* sehr abscheuerregend, noch abscheuerregender; großen Abscheu erregend)
absein	**ab sein**
Abszeß	**Abszess**
abwärtsgehen *(schlechter werden)*	**abwärts gehen**
Ach-Laut	**Achlaut/Ach-Laut**
acht/Acht *(Aufmerksamkeit)*	
achtgeben	**Acht geben**
achthaben	**Acht haben** (Habt Acht!)
in acht nehmen	in Acht nehmen
außer acht lassen	außer Acht lassen
acht-/Acht- *(8)*	
achtmal	achtmal/*(bei besonderer Betonung:)* acht Mal
(bei Schreibung mit Ziffer:) 8mal	8-mal/*(bei besonderer Betonung:)* 8 Mal
8jährig	8-jährig
8prozentig	8-prozentig
8seitig	8-seitig
der/die 8jährige	der/die 8-Jährige
8achser, 8tonner, 8zylinder …	8-Achser, 8-Tonner, 8-Zylinder …

achte/Achte

alte Schreibung	neue Schreibung

achte/Achte
  der/die/das achte
achtzig/Achtzig
  Mitte [der] Achtzig
  in die Achtzig [kommen]
  mit Achtzig/achtzig [Jahren]
  [ein Mensch] über Achtzig/achtzig
achtziger Jahre
  (in Ziffern:) 80er Jahre
ackerbautreibend
Actionpainting
 	
ade/Ade
  jemandem ade sagen
adieu/Adieu
  jemandem adieu sagen
Adreßbuch
afro-amerikanisch
  (Afrika und Amerika betreffend)
Afro-Look
After-shave
After-shave-Lotion
 	
Agent provocateur
 	
ähnliches *(solches)*
  und ähnliches *(Abk.:* u. ä.)
Air-conditioner
alleinerziehend
  der/die Alleinerziehende
 	
alleinstehend
  vgl. alleinerziehend
allerbeste/Allerbeste
  das allerbeste
    es ist das allerbeste *(sehr gut)*,
    daß ...
allergrößte/Allergrößte
  das allergrößte
    es ist das allergrößte
    (hervorragend), daß ...
allerletzte/Allerletzte
  das allerletzte
	der/die/das Achte
	
	Mitte [der] achtzig
	in die achtzig [kommen]
	mit achtzig [Jahren]
	[ein Mensch] über achtzig
	achtziger Jahre/Achtzigerjahre
	80er Jahre/80er-Jahre
	Ackerbau treibend
	Actionpainting, *auch* **Action-Painting**
	
	jemandem Ade/ade sagen
	
	jemandem Adieu/adieu sagen
	Adressbuch
	afroamerikanisch
	
	Afrolook
	Aftershave
	Aftershavelotion, *auch* **After-Shave-Lotion**
	Agent Provocateur, *auch* **Agent provocateur**
	Ähnliches
	  und Ähnliches *(Abk.:* u. Ä.)
	Airconditioner
	allein erziehend
	  der/die allein Erziehende/Alleinerziehende
	allein stehend
	
	das Allerbeste
	  es ist das Allerbeste, dass ...
	
	das Allergrößte
	  es ist das Allergrößte, dass ...
	
	das Allerletzte

alte Schreibung	neue Schreibung
es ist das allerletzte *(sehr schlecht)*, daß ...	es ist das Allerletzte, dass ...
alles/Alles	
alles einzelne	alles Einzelne
mein ein und [mein] alles	mein Ein und [mein] Alles
allgemein	
im allgemeinen *(gewöhnlich)*	im Allgemeinen
allgemeinbildend	**allgemein bildend**
allgemeinverständlich	**allgemein verständlich**
Alptraum	**Alptraum/Albtraum**
Alma mater	**Alma Mater**
als einziges	**als Einziges**
als erstes *(zuerst)*	**als Erstes**
als letztes *(zuletzt)*	**als Letztes**
als nächstes *(darauf)*	**als Nächstes**
alt/Alt	
alt und jung *(jedermann)*	Alt und Jung
[ganz] der/die/das alte	[ganz] der/die/das Alte
die alten [sein/bleiben]	die Alten [sein/bleiben]
es beim alten [bleiben] lassen	es beim Alten [bleiben] lassen
am alten hängen	am Alten hängen
am ersten *(zuerst)*	**am Ersten**
Amboß	**Amboss**
am letzten *(zuletzt)*	**am Letzten**
an [Eides ...] Statt	**an [Eides ...] statt**
anderes/Anderes	
etwas anderes	etwas anderes/Anderes
andersdenkend	**anders denkend**
der/die Andersdenkende	der/die anders Denkende/Andersdenkende
aneinanderfügen *(wenn „aneinander" den Vorgang nur näher bezeichnet)*	**aneinander fügen**/grenzen/legen/reihen ...
Angina pectoris	**Angina Pectoris**
Anglo-Amerikaner *(Sammelname für Engländer und Amerikaner)*	**Angloamerikaner**
angst/Angst	
jemandem angst [und bange] machen	jemandem Angst [und Bange] machen
Anlaß	**Anlass**
Anschluß	**Anschluss**
Anschlußstrecke ...	Anschlussstrecke ...

alte Schreibung	neue Schreibung
ansein	an sein
arabisch / Arabisch	
vgl. deutsch / Deutsch	
arg / Arg	
im argen liegen	im Argen liegen
Arm	
ein Armvoll [Heu]	ein Arm voll [Heu]
arm und reich *(jedermann)*	Arm und Reich
Art-director	Artdirector
Art-Work	Artwork
As	Ass
auf das / aufs beste	auf das / aufs beste / Beste
auf das / aufs genaueste	auf das / aufs genaueste / Genaueste
auf das / aufs gleiche [hinaus- kommen]	auf das / aufs Gleiche [hinaus- kommen]
auf das / aufs gröbste	auf das / aufs gröbste / Gröbste
auf das / aufs herzlichste	auf das / aufs herzlichste / Herzlichste
auf das / aufs höchste	auf das / aufs höchste / Höchste
auf das / aufs schlimmste [zugerichtet werden]	auf das / aufs schlimmste / Schlimmste [zugerichtet werden] *(aber nur:* auf das / aufs Schlimmste gefasst sein)
auf das / aufs schrecklichste [zugerichtet werden]	auf das / aufs schrecklichste / Schrecklichste [zugerichtet werden] *(aber nur:* auf das / aufs Schrecklichste gefasst sein)
auf dem laufenden [sein]	auf dem Laufenden [sein]
auf dem trock[e]nen sitzen *(in finanzieller Verlegenheit sein)* / sein *(festsitzen)*	auf dem Trock[e]nen sitzen / sein
aufeinanderbeißen	aufeinander beißen / liegen / prallen / sitzen / stapeln / stoßen …
aufsehenerregend	Aufsehen erregend / aufsehenerregend *(aber nur:* sehr aufsehenerregend, noch aufsehenerregender; großes Aufsehen erregend)
aufsichtführend der / die Aufsichtführende	Aufsicht führend der / die Aufsicht Führende / Aufsichtführende
aufs neue	aufs Neue
aufsein	auf sein
auf seiten	auf Seiten / aufseiten
aufwendig	aufwändig / aufwendig

alte Schreibung	neue Schreibung
aufwärtsgehen *(besser werden)*	**aufwärts gehen** / steigen / streben …
auf Wiedersehen / **Auf Wiedersehen**	
jemandem auf Wiedersehen sagen	jemandem Auf Wiedersehen / auf Wiedersehen sagen
Au-pair-Mädchen	**Aupairmädchen**, *auch* **Au-pair-Mädchen**
Au-pair-Stelle	Aupairstelle, *auch* Au-pair-Stelle
auseinandergehen *(sich trennen)*	**auseinander gehen**
auseinandersetzen	**auseinander setzen** / leben / nehmen / ziehen …
(jemandem etwas erklären)	
Ausschluß	**Ausschluss**
Ausschuß	**Ausschuss**
aussein	**aus sein**
außer acht [lassen]	**außer Acht** [lassen]
äußerst	
auf das / aufs äußerste	auf das / aufs äußerste / Äußerste
bis zum äußersten	bis zum Äußersten
außerstand [setzen]	**außer Stand** / **außerstand** [setzen]
außerstande [sein]	außer Stande / außerstande [sein]
auswärtsgehen / **auswärtslaufen**	**auswärts gehen** / laufen …
(mit auswärts gerichteten Füßen gehen / laufen)	
B	
Balletttänzer	**Balletttänzer**
bange / **Bange**	
jemandem [angst und] bange machen	jemandem [Angst und] Bange machen
bankrott gehen	**[in den] Bankrott gehen**
baß [erstaunt sein]	**bass** [erstaunt sein]
Baß	**Bass**
Baßstimme	Bassstimme
Beat generation	**Beatgeneration**
bedeutend	
um ein bedeutendes [größer …]	um ein Bedeutendes [größer …]
behende	**behände**
beieinandersein *(bei Verstand sein)*	**beieinander sein** / bleiben / haben / hocken / stehen …
beifallspendend	**Beifall spendend**
beisammensein	**beisammen sein**
(bei Verstand / guter Gesundheit sein)	

bekannt geben

alte Schreibung	neue Schreibung
bekanntgeben *(eine Nachricht)*	**bekannt geben** / machen / werden …
belemmert	**belämmert**
beliebig	
alles / jede[r] beliebige	alles / jede[r] Beliebige
Bendel	**Bändel**
besonders	
im besonderen	im Besonderen
besorgniserregend	**Besorgnis erregend** / **besorgniserregend**
	(aber nur: sehr besorgniserregend, noch besorgniserregender; große Besorgnis erregend*)*
etwas Besorgniserregendes	etwas Besorgnis Erregendes / Besorgniserregendes
besser / beste	
bessergehen *(sich wohler befinden)*	**besser gehen** / stellen …
der / die / das Beßre	der / die / das Bessre
eine Wendung zum Beßren	eine Wendung zum Bessren
eines Beßren belehren	eines Bessren belehren
sich eines Beßren besinnen	sich eines Bessren besinnen
das beste sein *(am besten sein)*	das Beste sein
es ist das beste, wenn / daß …	es ist das Beste, wenn / dass …
auf das / aufs beste	auf das / aufs beste / Beste
der / die / das erste / nächste beste	der / die / das erste / nächste Beste
zum besten geben / haben / halten / stehen	zum Besten geben / haben / halten / stehen
bestgehaßt	**bestgehasst**
bestehenbleiben	**bestehen bleiben** / lassen
beträchtlich	
um ein beträchtliches *(sehr viel)* [größer …]	um ein Beträchtliches [größer …]
bewußt	**bewusst**
bewußtlos	bewusstlos
Bewußtsein	Bewusstsein
bewußtmachen *(ins Bewußtsein rufen)*	**bewusst machen** / werden
bezug / Bezug	
in bezug [auf]	in Bezug [auf]
Bibliographie	**Bibliografie**, *auch* **Bibliographie**
bibliographisch	bibliografisch, *auch* bibliographisch
Big Band	**Bigband**, *auch* **Big Band**
Big Business	**Bigbusiness**, *auch* **Big Business**
Biographie	**Biografie**, *auch* **Biographie**
biographisch	biografisch, *auch* biographisch

alte Schreibung	neue Schreibung
bisherig 　im bisherigen **biß** *(zu beißen)* 　Biß *(zu beißen)* 　Bißchen *(kleiner Biß)* **[ein] bißchen** *(wenig)* 　dieses [kleine] bißchen **bis zum äußersten** **bis zum letzten** *(sehr)* **Blackbox** **Blackout** **Black Power** **blanker Hans** 　*(stürmische Nordsee)* **blankpoliert** **blaß** 　Blaßheit 　bläßlich **blau** 　der blaue Planet *(die Erde)* **blaugestreift** **blau-grau** *(blau und grau) usw.* **bläulichgrün** **bleibenlassen** **blendendweiß** **Bläßhuhn / Bleßhuhn** **blindfliegen** **blödstellen** *(Unkenntnis vortäuschen)* **blondgelockt** **Bluejeans / Blue jeans** **blutbildend** /-reinigend/ 　-saugend /-stillend **Boat people** **Bonbonniere** **böse** 　im bösen **Boß** **Bottle-Party** **Bouclé**	**bisherig** 　im Bisherigen **biss** 　Biss 　Bisschen **[ein] bisschen** 　dieses [kleine] bisschen **bis zum Äußersten** **bis zum Letzten** **Blackbox,** *auch* **Black Box** **Black-out,** *auch* **Blackout** **Blackpower,** *auch* **Black Power** **Blanker Hans** **blank poliert** / geschrubbt ... **blass** 　Blassheit 　blässlich 　der Blaue Planet **blau gestreift** **blaugrau** / blau-grau *usw.* **bläulich grün** / schwarz ... **bleiben lassen** **blendend weiß** **Blässhuhn / Blesshuhn** **blind fliegen** / schreiben / spielen / 　stellen *(fachsprachlich auch Zusam-* 　*menschreibung bei* blindfliegen / 　blindschreiben / blindspielen) **blöd stellen** **blond gelockt** **Bluejeans,** *auch* **Blue Jeans** **blutbildend / Blut bildend**... 　*(aber nur:* blutbeschmiert, 　bluttriefend) **Boatpeople** **Bonbonniere,** *auch* **Bonboniere** 　im Bösen **Boss** **Bottleparty** **Bouclé,** *auch* **Buklee**

alte Schreibung	neue Schreibung
Brain-Drain	Braindrain, *auch* Brain-Drain
Brain-Trust	Braintrust, *auch* Brain-Trust
braun *usw. vgl.* blau *usw.*	
bravo / Bravo	
bravo rufen	Bravo / bravo rufen
Bravour	Bravour, *auch* Bravur
breit	
breitgefächert	breit gefächert / gewachsen …
breitmachen	breit machen / treten
	(*aber:* breitschlagen *(überreden)* /
	breittreten *(zerreden)*)
des langen und breiten	des Langen und Breiten
Brennessel	Brennnessel
buchführend	Buch führend
buntgestreift	bunt gestreift / gefleckt …
Busineß	Business

C

Captatio benevolentiae	Captatio Benevolentiae
Cashewnuß	Cashewnuss
Cash-flow	Cashflow
Casus belli	Casus Belli
Centre Court	Centrecourt, *auch* Centre-Court
Čevapčići	Cevapcici / Čevapčići
Chansonnier	Chansonnier, *auch* Chansonier
Château	Chateau / Château
Chef de cuisine	Chef de Cuisine
Chewing-gum	Chewinggum
Chicorée	Chicorée, *auch* Schikoree
Choreograph	Choreograf, *auch* Choreograph
Choreographie	Choreografie, *auch* Choreographie
Cleverneß	Cleverness
Comeback	Come-back, *auch* Comeback
Comic strip	Comicstrip
Common sense	Commonsense, *auch*
	Common Sense
Compact Disc	Compactdisc, *auch* Compact Disc
Consecutio temporum	Consecutio Temporum
Consilium abeundi	Consilium Abeundi
Cool Jazz	Cooljazz, *auch* Cool Jazz
Corned beef	Cornedbeef, *auch* Corned Beef

alte Schreibung	neue Schreibung
Corpus juris	Corpus Iuris
Countdown	Count-down, *auch* Countdown
Countess / Counteß	Countess
Country-music	Countrymusic
Creme / Krem	Creme, *auch* Krem / Kreme
Crêpe *(Eierkuchen)*	Krepp, *auch* Crêpe
Csárdás / Tschardasch	Csardas / Csárdás
Curriculum vitae	Curriculum Vitae

D

Daddys / Daddies *(Plural von Daddy)*	Daddys
dabeisein	dabei sein
dafürhalten *(meinen)*	dafürhalten / dafür halten
dafürkönnen *(schuld sein)*	dafürkönnen / dafür können
dafürsprechen *(befürworten)*	dafürsprechen / dafür sprechen
dafürstehen *(bürgen)*	dafürstehen / dafür stehen
dahinterklemmen *(mit Nachdruck betreiben)*	dahinter klemmen / knien / kommen / stecken / stehen
dänisch / Dänisch *vgl.* deutsch / Deutsch	
darinbleiben	darin bleiben / sitzen / stecken ...
darüberfahren *(über etwas streichen)*	darüber fahren / machen / schreiben / stehen *(aber* darüberstehen*)*
dasein	da sein *(aber* das Dasein*)*
daß	dass
daß-Satz	dass-Satz / Dasssatz
davorhängen	davor hängen / liegen / schieben / stehen / stellen ...
dein / Dein *vgl. auch* du / Du *usw.*	
das Deine	das Deine / deine
das Deinige	das Deinige / deinige
die Deinen	die Deinen / deinen
die Deinigen	die Deinigen / deinigen
mein und dein [nicht] unterscheiden	Mein und Dein [nicht] unterscheiden
ein Streit über mein und dein	ein Streit über Mein und Dein
deiner / Deiner *vgl.* du / Du *usw.*	
Dekolleté	Dekolletee, *auch* Dekolleté
Delphin	Delphin, *auch* Delfin
derartiges	[etwas] Derartiges

Desktoppublishing

alte Schreibung	neue Schreibung
Desktop publishing	Desktoppublishing, *auch* Desktop-Publishing
dessenungeachtet	dessen ungeachtet
desungeachtet	des ungeachtet
Deus ex machina	Deus ex Machina
deutsch/Deutsch	
in deutsch/Deutsch	in Deutsch
auf [gut] deutsch	auf [gut] Deutsch
der deutsche Schäferhund	der Deutsche Schäferhund
Diarrhö/Diarrhoe	Diarrhö
diät leben/kochen …	Diät leben/kochen …
dich/Dich *vgl.* du/Du *usw.*	
dichtbehaart	dicht behaart/bewaldet/gedrängt …
Dienstag abend/Dienstagabend	
am Dienstag abend	am Dienstagabend
an diesem/an jedem Dienstag abend	an diesem/an jedem Dienstagabend
diesen/jeden Dienstag abend	diesen/jeden Dienstagabend
Dienstag abends	dienstagabends
diensthabend/-tuend	Dienst habend/tuend
Dies irae	Dies Irae
Differential	Differenzial, *auch* Differential
differential/differentiell	differenzial/differenziell, *auch* differential/differentiell
Diktaphon	Diktaphon, *auch* Diktafon
Dining-room	Diningroom
dir/Dir *vgl.* du/Du *usw.*	
Dolce vita	Dolce Vita
Donnerstag *usw. vgl.* Dienstag *usw.*	
doppeltkohlensauer	doppelt kohlensauer *(fachsprachlich auch Zusammenschreibung)*
doppeltwirkend	doppelt wirkend
dortzulande	dortzulande/dort zu Lande
Drapé	Drapé, *auch* Drapee
drei *usw. vgl.* acht *usw.*	
dreißig *usw. vgl.* achtzig *usw.*	
Dreß	Dress
dritte/Dritte	
der/die/das dritte [von dreien]	der/die/das Dritte
jeder dritte	jeder Dritte
die dritte Welt	die Dritte Welt
zum dritten	zum Dritten
Dritteil	Drittteil (*aber:* Drittel)

alte Schreibung	neue Schreibung

du/Du
    Du, Dein, Deiner, Dir, Dich *(in der Anrede)*
    auf du und du
Dummys/Dummies
    (Plural von Dummy*)*
dunkel
    im dunkeln tappen *(nicht Bescheid wissen)*
dünnbesiedelt
durcheinanderbringen
Duty-free-Shop
Dutzende
 	
E
 	
Easy-rider
Eau de toilette
ebensogut
Eid
    an Eides Statt
eigen/Eigen
    sein eigen nennen
    zu eigen geben/machen
ein/Ein
    (mein) ein und alles
einbleuen
einfachste/Einfachste
    das einfachste sein
        es ist das einfachste, wenn …
    auf das/aufs einfachste
einiggehen
einmal
 	
eins *usw. vgl.* **acht** *usw.*
einwärtsbiegen
einzelne/Einzelne
    der/die/das einzelne
    einzelne[s]
    jede[r] einzelne
    [bis] ins einzelne
	du, dein, deiner, dir, dich
	
	auf Du und Du
	Dummys
	
	im Dunkeln tappen
	
	dünn besiedelt/**bevölkert** …
	durcheinander bringen/**reden** …
	Dutyfreeshop, *auch* **Duty-free-Shop**
	Dutzende/dutzende
	
	Easyrider, *auch* **Easy Rider**
	Eau de Toilette
	ebenso gut/**sehr** …
	
	an Eides statt
	
	sein Eigen nennen
	zu Eigen geben/machen
	
	(mein) Ein und Alles
	einbläuen
	
	    das Einfachste sein
	        es ist das Einfachste, wenn …
	    auf das/aufs einfachste/Einfachste
	einig gehen
	einmal/(*bei besonderer Betonung:*) **ein Mal**
	
	einwärts biegen/**gehen** …
	
	der/die/das Einzelne
	Einzelne[s]
	jede[r] Einzelne
	[bis] ins Einzelne

einzeln stehend

alte Schreibung	neue Schreibung

im einzelnen
alles einzelne
einzelnstehend
einzig
  der/die/das einzige
  [nicht] ein/kein einziger
  als einziges
eisenverarbeitend
eisigkalt
  die eisigkalten Tage
eislaufen
  ich laufe eis, bin eisgelaufen
  eislaufend
  eis- und Ski laufen
  Ski und eislaufen
ekelerregend
 	
elf *usw. vgl.* **acht** *usw.*
Elsaß
engbefreundet
  die engbefreundeten Kinder
entfernt
  nicht im entferntesten
entläßt (*zu* entlassen)
entschloß (*zu* entschließen)
Entschluß (*zu* entschließen)
entweder ... oder
  das Entweder-Oder
epochemachend
erfolgversprechend
 	
ernstgemeint
ernstzunehmend
erste/Erste
  der/die/das erste (*der Reihe nach*)
  der/die/das erste beste
  als erstes (*zuerst*)
  fürs erste
	im Einzelnen
	alles Einzelne
	einzeln stehend
	
	  der/die/das Einzige
	  [nicht] ein/kein Einziger
	  als Einziges
	Eisen verarbeitend
	eisig kalt
	  die eisig kalten Tage
	Eis laufen
	  ich laufe Eis, bin Eis gelaufen
	  Eis laufend
	  Eis und Ski laufen
	  Ski und Eis laufen
	Ekel erregend/ekelerregend
	  (*aber nur:* sehr ekelerregend,
	  noch ekelerregender;
	  großen Ekel erregend)
	
	Elsass
	eng befreundet/bedruckt/verwandt...
	  die eng befreundeten Kinder
	
	  nicht im Entferntesten
	entlässt
	entschloss
	Entschluss
	
	  das Entweder-oder
	Epoche machend
	Erfolg versprechend/
	  erfolgversprechend
	  (*aber nur:* sehr erfolgversprechend,
	  noch erfolgversprechender;
	  großen Erfolg versprechend)
	ernst gemeint
	ernst zu nehmend
	
	  der/die/das Erste
	  der/die/das erste Beste
	  als Erstes
	  fürs Erste

alte Schreibung	neue Schreibung

der/die/das erstere
ersteres
die Erste Hilfe
der erste/Erste Weltkrieg
Erstkläßler
eßbar
  Eßkultur, eßlustig …
eßt (*zu essen*) *vgl.* ißt
essentiell
Ethnographie
euch/Euch *usw. vgl.* ihr/Ihr *usw.*
euer/Euer *usw. vgl.* ihr/Ihr *usw.*
  die Euren
  die Eurigen
  das Eure
  das Eurige
Eurhythmie
Existentialismus
  Existentialphilosophie
 	
  existentiell
Exposé
expreß
  Expreß
Exzeß
	der/die/das Erstere
	Ersteres
	die erste Hilfe
	der Erste Weltkrieg
	Erstklässler
	essbar
	  Esskultur, esslustig …
	
	essenziell, *auch* **essentiell**
	Ethnographie, *auch* **Ethnografie**
	
	  die euren/Euren
	  die eurigen/Eurigen
	  das eure/Eure
	  das eurige/Eurige
	Eurhythmie, *auch* **Eurythmie**
	Existenzialismus, *auch* **Existentialismus**
	  Existenzialphilosophie, *auch*
	    Existentialphilosophie
	  existenziell, *auch* existentiell
	Exposee, *auch* **Exposé**
	express
	  Express
	Exzess

F	

Facette
Facultas docendi
fahrenlassen (*loslassen, aufgeben*)
Fairneß
Fair play
fallenlassen (*aufgeben*)
Fallout
falschliegen (*sich falsch verhalten*)
Faß
faßte, gefaßt (*zu fassen*)
  faß! faßt!
  Gefaßtheit
Fast food
Feedback
	Facette, *auch* **Fassette**
	Facultas Docendi
	fahren lassen
	Fairness
	Fairplay, *auch* **Fair Play**
	fallen lassen
	Fall-out, *auch* **Fallout**
	falsch liegen/schreiben/spielen …
	Fass
	fasste, gefasst
	  fass! fasst!
	  Gefasstheit
	Fastfood, *auch* **Fast Food**
	Feed-back, *auch* **Feedback**

fein machen

alte Schreibung	neue Schreibung
feinmachen *(schön anziehen)* / -schleifen / -schneiden	**fein machen** ... *(fachsprachlich auch Zusammenschreibung bei:* **feinschleifen**)
feind / Feind jemandem feind bleiben / sein / werden	jemandem Feind bleiben / sein / werden
fernliegen	**fern liegen** / stehen ...
fernliegend	**fern liegend** *(aber:* **fernbleiben** *(nicht teilnehmen),* **fernsehen**)
fertigbringen *(vollbringen)*	**fertig bringen** / bekommen / stellen ...
festangestellt / -besoldet	**fest angestellt** / besoldet
fettgedruckt	**fett gedruckt**
feuerspeiend	**Feuer speiend**
Fin de siècle	**Fin de Siècle**
finnisch / Finnisch *vgl.* deutsch / Deutsch	
finster im finstern tappen *(nicht Bescheid wissen)*	im Finstern tappen
Fitneß	**Fitness**
flachgedrückt	**flach gedrückt**
flämisch / Flämisch *vgl.* deutsch / Deutsch	
fleischfressend	**Fleisch fressend** / verarbeitend ...
Floppy disk	**Floppydisk**, *auch* **Floppy Disk**
floß *(zu* fließen*)*	**floss**
Fluß flußab[wärts], flußauf[wärts]	**Fluss** flussab[wärts], flussauf[wärts]
flüssigmachen *([Geld] verfügbar machen)*	**flüssig machen**
Fön *(Haartrockner)*	**Föhn** *(als Warenzeichen weiterhin* **Fön***)*
folgend folgendes *(dieses)* das folgende *(dieses)* der folgende *(der Reihe nach)* im folgenden *(weiter unten)* in folgendem *(weiter unten)* durch folgendes *(dieses)* mit folgendem *(diesem)* von folgendem *(diesem)* alle folgenden *(anderen)*	Folgendes das Folgende der Folgende im Folgenden in Folgendem durch Folgendes mit Folgendem von Folgendem alle Folgenden

alte Schreibung	neue Schreibung
Foto/Photo	Foto Fotoalbum, Fotofinish, Fotografik, Fotokopie, Fotomontage, Fotothek
fotogen/photogen	fotogen, *auch* photogen
Fotografie/Photographie	Fotografie, *auch* Photographie
fotografieren/photographieren	fotografieren

Frage
    in Frage [kommen/stellen …]
	infrage/in Frage [kommen/
	    stellen …]

frankophon	frankophon, *auch* frankofon
französisch/Französisch *vgl.* deutsch/Deutsch	
Frappé	Frappee, *auch* Frappé
Free Jazz	Freejazz, *auch* Free Jazz
Freitag *usw. vgl.* Dienstag *usw.*	
freßt! (*zu* fressen) *vgl.* frißt	
freudebringend	Freude bringend/spendend

freund/Freund
    jemandem freund bleiben/sein/
    werden
	jemandem Freund bleiben/sein/
	    werden

Frigidaire	Frigidaire (*als Warenzeichen nur so*), *auch* Frigidär
frischgebacken/frisch gebacken	frisch gebacken (*Brot, Ehepaar*)

frißt (*zu* fressen)
    friß! freßt!
	frisst
	    friss! fresst!

fritieren	frittieren
Fritüre	Frittüre

fruchtbringend/
    -tragend
	Frucht bringend/
	    fruchtbringend …

früh/Früh (gestern/morgen) früh	(gestern/morgen) früh, *auch* Früh
frühverstorben	früh verstorben/vollendet …
Frutti di mare	Frutti di Mare
Full-time-Job	Fulltimejob, *auch* Full-Time-Job
fünf *usw. vgl.* acht *usw.*	
fünfzig *usw. vgl.* achtzig *usw.*	
funkensprühend	Funken sprühend
fürbaß	fürbass
furchteinflößend	Furcht einflößend/erregend … (*aber nur:* sehr furchterregend, noch furchterregender; große Furcht erregend)
fürliebnehmen	fürlieb nehmen

alte Schreibung	neue Schreibung
fürs erste Fuzzy-Logic	fürs Erste Fuzzylogic, *auch* Fuzzy Logic, Fuzzylogik

G

ganz
  im ganzen
  im großen ganzen
  im großen und ganzen
gargekocht
  das gargekochte Fleisch
Gäßchen
  gaßein, gaßaus
Gebiß
gefahrbringend
gefangenhalten
gegeneinanderdrücken
 	
geheimhalten
  im geheimen
gehenlassen (*in Ruhe lassen* und *die Beherrschung verlieren*)
Gelaß
gelb *usw. vgl.* blau *usw.*
gelbe Rüben
  (*Mohrrüben*)
gelb-grün (*gelb und grün*) *usw.*
Gemse
genau
  genaugenommen (*eigentlich*)
  des genaueren
  auf das/aufs genaueste
genausogut
Genius loci
genoß (*zu* genießen)
Genuß
Geographie
geradesitzen
	
	  im Ganzen
	  im großen Ganzen
	  im Großen und Ganzen
	gar gekocht
	  das gar gekochte Fleisch
	Gässchen
	  gassein, gassaus
	Gebiss
	Gefahr bringend/drohend …
	gefangen halten/nehmen/setzen …
	gegeneinander drücken/prallen/
	  pressen/stoßen …
	geheim halten/tun/bleiben …
	  im Geheimen
	gehen lassen
	
	Gelass
	
	Gelbe Rüben
	
	gelbgrün/gelb-grün *usw.*
	Gämse
	
	  genau genommen
	  des Genaueren
	  auf das/aufs genaueste/Genaueste
	genauso gut/viel …
	Genius Loci
	genoss
	Genuss
	Geographie, *auch* **Geografie**
	gerade sitzen/stehen/legen …
	  (*aber:* geradebiegen (*in Ordnung bringen*), geradestehen (*für etwas aufkommen*))

alte Schreibung	neue Schreibung

gering
 geringachten
  [nicht] das geringste [bemerken]
  nicht im geringsten
 gerngesehen
  ein gerngesehener Gast
 gesamt
  im gesamten *(insgesamt)*
 Geschoß
 	
 geschrien/geschrieen
  (zu schreien)
 gespien/gespieen
  (zu speien)
 getrennt lebend/getrenntlebend
 gewährleisten
 	
 gewinnbringend
 	
 gewiß
 Ginkgo
 Glacé
 glatthobeln
 	
 gleich
 gleichdenkend
  der/die/das gleiche
  (derselbe/dieselbe/dasselbe)
  auf das/aufs gleiche hinaus-
   kommen
  ins gleiche bringen
  (in Ordnung bringen)
  gleich und gleich [gesellt
   sich gern]
 glückbringend
 glühendheiß
  ein glühendheißes Eisen
 golden
  das Goldene Zeitalter
 	
  der Goldene Schnitt
	gering achten/schätzen
	  [nicht] das Geringste [bemerken]
	  nicht im Geringsten
	 gern gesehen
	  ein gern gesehener Gast
	
	  im Gesamten
	 Geschoss, *österr., schweiz. auch*
	  Geschoß
	 geschrien
	
	 gespien
	
	 getrennt lebend
	 Gewähr leisten/gewährleisten
	  (er leistet Gewähr/gewährleistet)
	 Gewinn bringend/gewinnbringend
	  (aber nur: sehr gewinnbringend;
	  großen Gewinn bringend)
	 gewiss
	 Ginkgo, *auch* **Ginko**
	 Glacé, *auch* **Glacee**
	 glatt hobeln/gehen/kämmen/
	  schleifen/streichen ...
	
	 gleich denkend/lautend ...
	  der/die/das Gleiche
	
	  auf das/aufs Gleiche hinaus-
	   kommen
	  ins Gleiche bringen
	
	  Gleich und Gleich
	
	 Glück bringend/verheißend
	 glühend heiß
	  ein glühend heißes Eisen
	
	  das goldene Zeitalter
	  (aber als fiktive historische Epoche:
	  das Goldene Zeitalter*)*
	  der goldene Schnitt

alte Schreibung	neue Schreibung

goß (*zu gießen*)
Grammophon
Grand Prix
Grand Slam
Graphie
Graphik/Grafik
  graphisch/grafisch
Graphit
Graphologe
gräßlich
grau *usw. vgl.* **blau** *usw.*
grauenerregend
	goss
	Grammophon, *auch* **Grammofon**
	Grandprix, *auch* **Grand Prix**
	Grandslam, *auch* **Grand Slam**
	Graphie, *auch* **Grafie**
	Grafik, *auch* **Graphik**
	  grafisch, *auch* graphisch
	Graphit, *auch* **Grafit**
	Graphologe, *auch* **Grafologe**
	grässlich
	
	Grauen erregend/grauenerregend
	  (*aber nur:* sehr grauenerregend,
	  noch grauenerregender;
	  großes Grauen erregend)

Gregorianischer Kalender
grellbeleuchtet
  die grellbeleuchtete Bühne
Greuel
  Greueltat
  greulich
Grislybär/Grizzlybär
grob
  aus dem groben [arbeiten]
  auf das/aufs gröbste
grobgemahlen
groß
großangelegt
  ein großangelegter Plan
großschreiben (*besonders schätzen*)
 	
groß schreiben (*mit großem
  Anfangsbuchstaben schreiben*)
  das größte wäre, wenn … (*am
    besten*)
  um ein großes [verteuert] (*viel*)
  im großen [und im kleinen]
    (*im großen Stil*)
  im großen [und] ganzen
 	
  der große Teich (*Atlantik*)
groß und klein (*jedermann*)
grün *usw. vgl.* **blau** *usw.*
	gregorianischer Kalender
	grell beleuchtet
	  die grell beleuchtete Bühne
	Gräuel
	  Gräueltat
	  gräulich
	Grislibär, *auch* **Grizzlybär**
	
	  aus dem Groben [arbeiten]
	  auf das/aufs gröbste/Gröbste
	grob gemahlen/gestrickt …
	
	groß angelegt
	  ein groß angelegter Plan
	groß schreiben (*in großer Schrift
	  schreiben; besonders schätzen*)
	großschreiben (*mit großem
	  Anfangsbuchstaben schreiben*)
	  das Größte wäre, wenn …
	
	  um ein Großes [verteuert]
	  im Großen [und im Kleinen]
	
	  im Großen und Ganzen
	    (*aber:* im großen Ganzen)
	  der Große Teich
	Groß und Klein

alte Schreibung	neue Schreibung

grün-blau *usw.*
   (grün und blau)
grünlichblau
Grund
   zugrunde [gehen]
	grünblau/grün-blau *usw.*
	
	grünlich blau
	
	   zugrunde/zu Grunde [gehen/
	   richten ...]

Gunst
   zugunsten *(aber: zu seinen Gunsten)*
gut
gutgehen *(sich wohl befinden)*
 	
gutgemeint
	
	   zugunsten/zu Gunsten
	
	gut gehen/finden/tun ...
	   (aber: gutschreiben (anrechnen))
	gut gemeint/aussehend/bezahlt/
	   dotiert/gelaunt/gehend/gesinnt ...

im guten [wie im bösen]
   jenseits von Gut und Böse
   jemandem guten Tag sagen
	im Guten [wie im Bösen]
	   jenseits von gut und böse
	   jemandem Guten Tag/guten Tag
	   sagen

H
 	
haftenbleiben
Hair-Stylist
halb
halbnackt
 	
halbblind/-fertig/-fest/-gar/-links
   -rechts
	
	haften bleiben
	Hairstylist
	
	halb nackt/offen/sitzend/tot/
	   verhungert/wach
	halbblind/halb blind ...
	   (Getrenntschreibung wie bisher im
	   Sinne von „teils ...teils": halbdunkel
	   gegenüber halb dunkel – halb hell)

haltmachen
[laut] Halt rufen
Hämorrhoiden
Hand
   eine Handvoll [Heu]
handeltreibend
   der/die Handeltreibende
	Halt machen
	[laut] Halt/halt rufen
	Hämorrhoiden, *auch* **Hämorriden**
	
	   eine Hand voll [Heu]
	Handel treibend
	   der/die Handel Treibende/Handel-
	   treibende

Handout **hängenlassen** *(jemanden im Stich lassen)* **Happy-End** **Haraß**	**Hand-out**, *auch* **Handout** **hängen lassen**/bleiben **Happyend**, *auch* **Happy End** **Harass**

Hardcover

alte Schreibung	neue Schreibung

Hard cover
  Hard-cover-Einband
Hard Rock
hartgekocht
Haß
haßte, gehaßt (*zu* hassen)
  haßt!
häßlich
haus/Haus
haushalten
  er hält haus
  nach Hause
 	
  zu Hause
 	
heiligsprechen
heimlichtun
  (*Geheimnisse haben*)
heißersehnt
  die heißersehnte Ankunft
heißlaufen
helleuchtend
  ein helleuchtender Stern
    (*aber:* ein auffallend hell
    leuchtender Stern)
hellicht
herzlich
  auf das/aufs herzlichste
hierbleiben (*nicht weggehen*)
hierhergehörig
hierherkommen
hierzulande
High-Fidelity
High-riser
High-Society
High-Tech
  High-Tech-Industrie
 	
Hilfe
hilfesuchend
  der/die Hilfesuchende
 	
  mit Hilfe
	Hardcover, *auch* **Hard Cover**
	  Hardcovereinband
	Hardrock, *auch* **Hard Rock**
	hart gekocht/gesotten …
	Hass
	hasste, gehasst
	  hasst!
	hässlich
	
	Haus halten/haushalten
	  er hält Haus/er haushaltet
	  nach Hause, *österr., schweiz.*
	    auch nachhause
	  zu Hause, *österr., schweiz.*
	    auch zuhause
	heilig sprechen
	heimlich tun
	
	heiß ersehnt/geliebt …
	  die heiß ersehnte Ankunft
	heißlaufen/heiß laufen
	hell leuchtend/lodernd/strahlend …
	  ein hell leuchtender Stern
	
	helllicht
	
	  auf das/aufs herzlichste/Herzlichste
	hier bleiben/lassen/sein …
	hierher gehörig
	hierher kommen
	hierzulande/hier zu Lande
	Highfidelity, *auch* **High Fidelity**
	Highriser, *auch* **High Riser**
	Highsociety, *auch* **High Society**
	Hightech, *auch* **High Tech**
	  Hightechindustrie, *auch*
	    High-Tech-Industrie
	
	Hilfe suchend/bringend …
	  der/die Hilfe Suchende/Hilfe-
	    suchende
	  mit Hilfe/mithilfe

alte Schreibung	neue Schreibung
Hillbilly-music	Hillbillymusic, *auch* Hillbillimusik
hinterdreinlaufen	hinterdreinlaufen / hinterdrein laufen
hintereinandergehen *(wenn „hintereinander" den Vorgang nur näher bezeichnet)*	hintereinander gehen / schalten / schreiben ...
hinterhersein	hinterher sein
hißt, hißte, gehißt *(zu hissen)*	hisst, hisste, gehisst
hoch / Hoch	
auf das / aufs höchste	auf das / aufs höchste / Höchste
hochachten *(schätzen)*	hoch achten
hochbegabt / -gebildet / -gewachsen	hochbegabt / hoch begabt ...
hochgestellt *(Persönlichkeit, Ziffer)*	hochgestellt *(Ziffer)* *(aber:* hoch gestellt *(Persönlichkeit))*
hoch und nieder	Hoch und Nieder
hoch und niedrig *(jedermann)*	Hoch und Niedrig
der Hohepriester	der Hohe Priester
das Hohelied	das Hohe Lied
hofhalten	Hof halten
er hält hof	er hält Hof
hohnlachen	Hohn lachen / sprechen
sie lacht hohn	sie lacht / spricht Hohn
holzverarbeitend	Holz verarbeitend
homophon	homophon, *auch* homofon
honigschleckend	Honig schleckend
Hosteß	Hostess
Hot dog	Hotdog, *auch* Hot Dog
Hot Jazz	Hotjazz, *auch* Hot Jazz
Hot pants	Hotpants, *auch* Hot Pants
hundert *(als einfaches Zahlwort)*	hundert / Hundert
mehrere hundert Menschen	mehrere hundert / Hundert Menschen
Hunderte	hunderte / Hunderte
Hunderte von armen Kindern	hunderte / Hunderte von armen Kindern
Hunderte armer Kinder	hunderte / Hunderte armer Kinder
hundertprozentig *(bei Schreibung mit Ziffern:)* 100prozentig	100-prozentig
hundertste / Hundertste der / die / das hundertste	der / die / das Hundertste
Hungers sterben	hungers sterben

hurra/Hurra schreien

alte Schreibung	neue Schreibung
hurra schreien	hurra/Hurra schreien
Huskies/Huskys	Huskys
(Plural von Husky)	

I

i. allg. *(im allgemeinen)*	i. Allg.
ibero-amerikanisch	iberoamerikanisch
(*zwischen Spanien, Portugal und Lateinamerika bestehend*)	
Ich-Erzähler	Icherzähler/Ich-Erzähler
Ichform	Ichform/Ich-Form
Ichgefühl	Ichgefühl/Ich-Gefühl
Ich-Laut	Ichlaut/Ich-Laut
Ichsucht	Ichsucht/Ich-Sucht
ihr/Ihr	
Ihr, Euer, Euch *(in der Anrede)*	ihr, euer, euch
das Ihre	das Ihre/ihre
das Ihrige	das Ihrige/ihrige
die Ihren	die Ihren/ihren
die Ihrigen	die Ihrigen/ihrigen
im allgemeinen *(gewöhnlich)*	im Allgemeinen
im argen liegen	im Argen liegen
im besonderen	im Besonderen
im bisherigen	im Bisherigen
Imbiß	Imbiss
im bösen	im Bösen
im guten wie im bösen	im Guten wie im Bösen
im dunkeln tappen	im Dunkeln tappen
(*nicht Bescheid wissen*)	
im einzelnen	im Einzelnen
[nicht] im entferntesten	[nicht] im Entferntesten
im folgenden *(weiter unten)*	im Folgenden
im geheimen	im Geheimen
im gesamten *(insgesamt)*	im Gesamten
im großen [und] ganzen	im Großen und Ganzen
	(*aber:* im großen Ganzen)
im großen [und im kleinen]	im Großen [und im Kleinen]
(*im großen Stil*)	
im guten [wie im bösen]	im Guten [wie im Bösen]
im klaren [sein] *(Klarheit haben)*	im Klaren [sein]

alte Schreibung	neue Schreibung

im kleinen
    im großen und im kleinen
    (nicht im großen Stil)
	im Kleinen
	    im Großen und im Kleinen

immerwährend	**immer während**
im nachfolgenden *(weiter unten)*	**im Nachfolgenden**
im nachhinein	**im Nachhinein**
im nebenstehenden *(hierneben)*	**im Nebenstehenden**
im obenstehenden *(oben)*	**im oben Stehenden** / **Obenstehenden**
im obigen *(oben)*	**im Obigen**
im rohen [fertig] **sein** *(roh)*	**im Rohen** [fertig] **sein**
im sichern [sein] *(geborgen)*	**im Sichern** [sein]
im speziellen *(besonders)*	**im Speziellen**
imstande [sein]	**imstande** / **im Stande** [sein]
im stillen *(unbemerkt)*	**im Stillen**
[seine Schäfchen] im trock[e]nen haben *(gesichert sein)*	**[seine Schäfchen] im Trock[e]nen haben**
im trock[e]nen sein *(geborgen sein)*	**im Trock[e]nen sein**
im trüben fischen *(unlautere Geschäfte machen)*	**im Trüben fischen**
im übrigen *(sonst, ferner)*	**im Übrigen**
im umstehenden *(umstehend)*	**im Umstehenden**
im ungewissen bleiben *(ohne genaue Auskunft)*	**im Ungewissen bleiben** / **lassen** / **sein**
im verborgenen *(unbemerkt)*	**im Verborgenen**
im voraus	**im Voraus**
im vorausgehenden	**im Vorausgehenden**
im vorhergehenden	**im Vorhergehenden**
im vorhinein	**im Vorhinein**
in acht nehmen	**in Acht nehmen**
in bezug [auf]	**in Bezug** [auf]
Indizes *(Plural zu* Index *neben* Indexe)	**Indizes** / **Indices** *(neben* Indexe)
Industrial Design	**Industrialdesign**, *auch* **Industrial Design**
ineinanderfließen	**ineinander fließen** / **greifen** / **schieben** ...
in folgendem *(weiter unten)*	**in Folgendem**
in Frage [kommen / stellen ...]	**infrage** / **in Frage** [kommen / stellen ...]
innesein	**inne sein**
in Null Komma nichts	**in null Komma nichts**
in Schuß [halten / haben ...]	**in Schuss** [halten / haben ...]
ins gleiche bringen *(in Ordnung bringen)*	**ins Gleiche bringen**
ins klare kommen *(Klarheit bekommen)*	**ins Klare kommen**

alte Schreibung	neue Schreibung
ins reine 　[bringen/kommen/schreiben] **instand** [setzen/halten ...] [seine Schäfchen] **ins trock[e]ne 　bringen** [bis] **ins unermeßliche** **ins ungeheure** [steigern] **ins volle** [greifen] 　*(viel nehmen [können])* **I-Punkt** **irgend etwas** **irgend jemand** **ißt** (*zu* essen) 　**iß! eßt!** **italienisch/Italienisch** 　*vgl.* deutsch/Deutsch **I-Tüpfelchen**	**ins Reine** 　[bringen/kommen/schreiben] **instand/in Stand** [setzen/halten ...] [seine Schäfchen] **ins Trock[e]ne 　bringen** [bis] **ins Unermessliche** **ins Ungeheure** [steigern] **ins Volle** [greifen] **i-Punkt** **irgendetwas** **irgendjemand** **isst** 　**iss! esst!** **i-Tüpfelchen**

J

ja [und amen] **sagen** **Jäheit** **Jam Session** **japanisch/Japanisch** 　*vgl.* deutsch/Deutsch **Jaß** **Jet-lag** **Jet-set** **jiddisch/Jiddisch** 　*vgl.* deutsch/Deutsch **Job-sharing** **Joghurt/Yoghurt** **Joint-venture** **jung und alt** *(jedermann)* **jungverheiratet** 　*(in jungen Jahren; seit kurzem)* **jungvermählt** 　*(in jungen Jahren; seit kurzem)*	**ja/Ja** [und amen/Amen] **sagen** **Jäheit** **Jamsession** **Jass** **Jetlag**, *auch* **Jet-Lag** **Jetset**, *auch* **Jet-Set** **Jobsharing**, *auch* **Job-Sharing** **Joghurt**, *auch* **Jogurt** **Jointventure**, *auch* **Joint Venture** **Jung und Alt** **jung verheiratet** 　*(in jungen Jahren), aber:* 　　**jungverheiratet** *(seit kurzem,* 　　*gerade eben erst)* **jung vermählt** 　*(in jungen Jahren), aber:* 　　**jungvermählt** *(seit kurzem,* 　　*gerade eben erst)*

alte Schreibung	neue Schreibung

Justitiar
  justitiabel
	Justitiar / Justiziar
	  justitiabel / justiziabel

K	

kahlfressen
Kalligraphie
kalt
kaltbleiben *(unbeteiligt bleiben)*
	kahl fressen/scheren/schlagen ...
	Kalligraphie, *auch* **Kalligrafie**
	
	kalt bleiben/lassen/machen/
	  stellen ... *(aber:* **kaltmachen**
	  (ermorden) / **kaltstellen** *(jemanden
	  wirkungslos machen)* und fach-
	  sprachlich **kaltgepresst**/**kalt-
	  geschlagen)**

der kalte Krieg	der Kalte Krieg *(zwischen Ost und West nach dem Zweiten Weltkrieg)*

Känguruh
Karamel
Kartographie
Kaßler
Katarrh
Keep-smiling
kegelschieben
kennenlernen
keß
Ketchup
Kickdown
Kick-off
Kind
  an Kindes Statt
King-size
klar
klarmachen
  *(Klarheit schaffen, Schiff zum
  Auslaufen vorbereiten)*
klarsehen *(verstehen)*
	Känguru
	Karamell
	Kartographie, *auch* **Kartografie**
	Kassler
	Katarrh, *auch* **Katarr**
	Keepsmiling
	Kegel schieben
	kennen lernen
	kess
	Ketschup, *auch* **Ketchup**
	Kick-down, *auch* **Kickdown**
	Kick-off, *auch* **Kickoff**
	
	  an Kindes statt
	Kingsize
	
	klar machen *(Klarheit schaffen),
	  aber:* **klarmachen** *(Schiff)*
	
	klar sehen/werden *(verständlich
	  werden)*/denkend ...

im klaren [sein] *(Klarheit haben)*
  ins klare kommen *(Klarheit be-
  kommen)*
klasse/Klasse sein
  das ist klasse/Klasse
	im Klaren [sein]
	  ins Klare kommen
	
	Klasse sein
	  das ist Klasse

kleben bleiben

alte Schreibung	neue Schreibung

klebenbleiben *(in der Schule ...)*
 klein
 kleingemustert
   ein kleingemusterter Stoff
   das Kleingedruckte
 kleinschreiben *(gering schätzen)*
 	
 klein schreiben *(mit kleinem
   Anfangsbuchstaben schreiben)*
   im [großen und im] kleinen
   groß und klein *(jedermann)*
   um ein kleines *(wenig)*
     sich um ein kleines irren / ver-
      fehlen ...
 	
 klug
   das klügste sein *(am klügsten sein)*
 knapphalten *(jmdm. wenig geben)*
 Knockout
 kochendheiß
   kochendheißes Wasser
 Kolophonium
 Koloß
 Kommiß
 Kommuniqué
 Kompaß
 Kompromiß
 Komteß
 Kongreß
 kopfstehen
 krank schreiben
   krank melden
 kraß
 Krem / Creme
 kriegführend
   der/die Kriegführende
 	
 kroß
 krummnehmen
 Kumys / Kumyß
 kunstliebend
	kleben bleiben
	
	 klein gemustert / kariert / gedruckt ...
	   ein klein gemusterter Stoff
	   das klein Gedruckte / Kleingedruckte
	 klein schreiben *(in kleiner Schrift
	   schreiben; gering schätzen)*
	 kleinschreiben *(mit kleinem Anfangs-
	   buchstaben schreiben)*
	   im [Großen und im] Kleinen
	   Groß und Klein
	   um ein Kleines
	     sich um ein Kleines irren / ver-
	      fehlen ...
	
	   das Klügste sein
	 knapp halten
	 Knock-out, *auch* **Knockout**
	 kochend heiß
	   kochend heißes Wasser
	 Kolophonium, *auch* **Kolofonium**
	 Koloss
	 Kommiss
	 Kommuniqué, *auch* **Kommunikee**
	 Kompass
	 Kompromiss
	 Komtess
	 Kongress
	 Kopf stehen / stehend
	 krankschreiben
	   krankmelden
	 krass
	 Creme, *auch* **Krem / Kreme**
	 Krieg führend
	   der/die Krieg Führende / Krieg-
	     führende
	 kross
	 krumm nehmen *(aber: krummlachen)*
	 Kumys / Kumyss
	 Kunst liebend / kunstliebend
	   (aber nur: sehr kunstliebend,
	   noch kunstliebender;
	   provokative Kunst liebend*)*

alte Schreibung	neue Schreibung

Küraß
kurz
kurzfassen *(nicht ausführlich werden)*
kurzhalten *(jmdn. einschränken)*
kurztreten *(sich zurückhalten)*
   den kürzeren ziehen *(der/die Benach-
     teiligte sein)*
   [etwas] des kürzeren [erklären] *(kurz)*
Kuß
küßte, geküßt *(zu* küssen)
   küß! küßt!
	Kürass
	
	kurz fassen
	kurz halten
	kurz treten
	   den Kürzeren ziehen
	
	   [etwas] des Kürzeren [erklären]
	Kuss
	küsste, geküsst
	   küss! küsst!

L

Ladys, *auch* **Ladies**
   (Plural von Lady*)*
lahmlegen
Lamé
Land
   dortzulande
   hierzulande
   bei uns zulande *(daheim)*
lang
langgehegt
   ein langes und breites *(viel)*
   des/eines langen und breiten
     (viel, ausführlich)
   des/eines länger[e]n [und breiter[e]n]
     (viel, ausführlich)
länglichrund
läßt *(zu* lassen)
   laß! laßt!
läßlich
Laßheit
Last
   zu Lasten
laubtragend
laufen
laufenlassen *(freigeben)*
   auf dem laufenden [sein]
Law and order
Layout
	Ladys
	
	lahm legen
	Lamé, *auch* **Lamee**
	
	   dortzulande/dort zu Lande
	   hierzulande/hier zu Lande
	   bei uns zulande/bei uns zu Lande
	
	lang gehegt/gestielt/gestreckt ...
	   ein Langes und Breites
	   des/eines Langen und Breiten
	
	   des/eines Länger[e]n [und
	     Breiter[e]n]
	länglich rund
	lässt
	   lass! lasst!
	lässlich
	Lassheit
	
	   zu Lasten/zulasten
	Laub tragend
	
	laufen lassen
	   auf dem Laufenden [sein]
	Law and Order
	Lay-out, *auch* **Layout**

Leben spendend 53

alte Schreibung	neue Schreibung
lebenspendend	**Leben spendend**
leerlaufen *(auslaufen)*	**leer laufen**/stehend …
leicht	
leichtbehindert	**leicht behindert**/entzündlich …
der/die Leichtbehinderte	der/die leicht Behinderte/Leichtbehinderte
leichtfallen	**leicht fallen**/machen …
[k]ein leichtes sein	[k]ein Leichtes sein
leid/Leid	
leid tun	**Leid tun**
leidtragend	Leid tragend/leidtragend (*aber nur:* großes Leid tragend)
der/die Leidtragende	der/die Leid Tragende/Leidtragende
zuleide [tun]	zuleide/zu Leide [tun]
letzte/Letzte	
der/die/das letzte *(der Reihe nach)*	der/die/das Letzte
als letztes *(zuletzt)*	als Letztes
bis ins letzte *(ganz genau)*	bis ins Letzte
bis zum letzten *(sehr)*	bis zum Letzten
fürs letzte *(zuletzt)*	fürs Letzte
am letzten *(zuletzt)*	am Letzten
der Letzte Wille	der letzte Wille
letztere/Letztere	
der/die/das letztere	der/die/das Letztere
letzterer, letztere, letzteres	Letzterer, Letztere, Letzteres
leuchtendrot	**leuchtend rot**/gelb …
leuchtendrote Strümpfe	leuchtend rote Strümpfe
liebhaben	**lieb haben**/behalten/gewinnen
liegenlassen *(vergessen, nicht beachten)*	**liegen lassen**/bleiben (*aber:* das Liegenlassen)
Light-Show	**Lightshow**, *auch* **Light-Show**
linksstehend *(polit.-ideolog.)*	**links stehend**
Lip gloss	**Lipgloss**
Lithographie	**Lithographie**, *auch* **Lithografie**
Live-Show	**Liveshow**, *auch* **Live-Show**
Lizentiat	**Lizenziat**, *auch* **Lizentiat**
Lobbys/Lobbies (*Plural von* Lobby)	**Lobbys**
Löß	**Löss/Löß**
Love-Story	**Lovestory**

alte Schreibung	neue Schreibung
M	
Maître de plaisir	Maître de Plaisir
mal / Mal	
beidemal	beide Mal
dutzendmal	dutzendmal *(aber:* (ein paar) dutzend / Dutzend Mal(e))
ebensovielmal	ebensovielmal / ebenso viel Mal
ein für allemal	ein für alle Mal
einigemal	einige Mal(e)
das erstemal	das erste Mal
etlichemal	etliche Mal(e)
genausovielmal	genausovielmal / genauso viel Mal
hundertmal	hundertmal / *(bei besonderer Betonung:)* hundert Mal *(aber:* das hundertste Mal, zum hundertsten Mal)
jedesmal *(aber:* ein jedes Mal)	jedes Mal
keinmal	keinmal / *(bei besonderer Betonung:)* kein Mal
das letztemal / das letzte Mal	das letzte Mal
zum letztenmal	zum letzten Mal
mehreremal	mehrere Mal
millionenmal	Millionen Mal(e)
(ein) paar dutzendmal	(ein) paar Dutzend Mal / (ein) paar dutzend Mal
(ein) paarmal	(ein) paarmal / *(bei besonderer Betonung:)* (ein) paar Mal *(aber nur:* diese paar Mal(e))
soundsovielmal	soundsovielmal / *(bei besonderer Betonung:)* soundso viel Mal
sovielmal	sovielmal / *(bei besonderer Betonung:)* so viel Mal *(aber:* das sovielte Mal)
tausendmal	tausendmal / *(bei besonderer Betonung:)* tausend Mal
vielmal *(vielmals)*	vielmal / *(bei besonderer Betonung:)* viel Mal *(aber nur:* viele Mal(e))
wievielmal	wievielmal / *(bei besonderer Betonung:)* wie viel Mal *(aber:* zum wievielten Mal, das wievielte Mal)

Malaise

alte Schreibung	neue Schreibung
Malaise	**Malaise,** *auch* **Maläse**
maschineschreiben	**Maschine schreiben**
maßhalten *(sich mäßigen)*	**Maß halten**
maßhaltend	**Maß haltend**
Matrizes *(Plural von* Matrix *neben* Matrizen)	**Matrizes/Matrices** *(neben* Matrizen)
Megaphon	**Megaphon,** *auch* **Megafon**
mein/Mein	
das Meine	das Meine/meine
das Meinige	das Meinige/meinige
die Meinen	die Meinen/meinen
die Meinigen	die Meinigen/meinigen
mein und dein [nicht] unterscheiden	Mein und Dein [nicht] unterscheiden
ein Streit über mein und dein	ein Streit über Mein und Dein
an meiner Statt	an meiner statt
menschenmöglich	
das/alles menschenmögliche [tun ...] *(alles)*	das/alles Menschenmögliche [tun ...]
Mesner *(neben* Mesmer)	**Mesner/Messner** *(neben* Mesmer)
Meßergebnis	**Messergebnis**
(zu messen)	
meßt! *(zu* messen) *vgl.* mißt	
metallverarbeitend	**Metall verarbeitend**
Midlife-crisis	**Midlifecrisis,** *auch* **Midlife-Crisis**
miesmachen	**mies machen**
mindeste/Mindeste	
[nicht] das mindeste *(gar nichts)*	[nicht] das Mindeste/mindeste
[nicht] im mindesten *(gar nicht)*	[nicht] im Mindesten/mindesten
minuziös, *auch* **minutiös**	**minutiös,** *auch* **minuziös**
mißachten	**missachten**
Mißgunst, -trauen ...	**Missgunst, -trauen ...**
mißhellig	**misshellig**
mißlich	**misslich**
mißt *(zu* messen)	**misst**
miß! meßt!	miss! messt!
mit Hilfe	**mit Hilfe/mithilfe**
mitleiderregend	**Mitleid erregend/mitleiderregend** *(aber nur:* sehr mitleiderregend, noch mitleiderregender; großes Mitleid erregend)
mittag/Mittag *usw. vgl.* abend/Abend *usw.*	

alte Schreibung	neue Schreibung
mitternacht/Mitternacht *usw.* *vgl.* abend/Abend *usw.* **Mittwoch** *usw. vgl.* Dienstag *usw.* **Mixed Pickles** (*neben* Mixpickles)	**Mixedpickles**, *auch* **Mixed Pickles** (*neben* Mixpickles)
Modern Jazz	**Modernjazz**, *auch* **Modern Jazz**
möglich das mögliche [tun] *(alles)* alles mögliche [tun] *(viel, allerlei)* sein möglichstes [tun] *(alles)* **Monographie** **Montag** *usw. vgl.* Dienstag *usw.* **Mop** **morgen/Morgen** *usw. vgl.* abend/ Abend *usw.* **Moto-Cross** **Multiple-choice-Verfahren**	das Mögliche [tun] alles Mögliche [tun] sein Möglichstes [tun] **Monographie**, *auch* **Monografie** **Mopp** **Motocross**, *auch* **Moto-Cross** **Multiplechoiceverfahren**, *auch* **Multiple-Choice-Verfahren**
Mund ein Mundvoll [Wasser] **mündigsprechen** **muß, mußte, gemußt** (*zu* müssen) das/ein Muß **müßiggehen** **musikliebend** **Mut** zumute [sein] **Myrrhe**	ein Mund voll [Wasser] **mündig sprechen** **muss, musste, gemusst** das/ein Muss **müßig gehen** **Musik liebend** zu Mute/zumute [sein] **Myrrhe**, *auch* **Myrre**

N

alte Schreibung	neue Schreibung
nach Hause	**nach Hause**, *österr., schweiz.* *auch* nachhause
nachfolgend **nachfolgendes** das nachfolgende *(dieses)* im nachfolgenden *(weiter unten)* **nachhinein** im nachhinein **nachmittag/Nachmittag** *usw. vgl.* abend/Abend *usw.*	**Nachfolgendes** das Nachfolgende im Nachfolgenden im Nachhinein

nächste/Nächste

alte Schreibung	neue Schreibung

nächste/Nächste
  der/die/das nächste
  der nächste, bitte!
  das nächste wäre …
  als nächstes *(darauf)*
nacht/Nacht *usw. vgl.* abend/
Abend *usw.*
nahe
nahebringen *(vertraut machen)*
 	
  des näheren [erklären]
nämlich
  der/die/das nämliche
Narziß
  Narzißmus, Narzißt, narzißtisch
naß
  naßkalt, Naßrasur …
  näßt, genäßt *(zu* nässen)
  naßgeschwitzt
nebeneinanderlegen
 	
nebenhergehen
nebenstehend
nebenstehendes *(dieses)*
  das nebenstehende *(dieses)*
  im nebenstehenden *(hierneben)*
Necessaire
Negligé
Negro Spiritual
nein sagen
Nervus rerum
neu
neueröffnet
  ein neueröffnetes Café
neuverheiratet *(wieder, erneut;*
  gerade eben erst)
 	
neuvermählt *(wieder, erneut;*
  gerade eben erst)
 	
  aufs neue
neun *usw. vgl.* acht *usw.*
neunzig *usw. vgl.* achtzig *usw.*
	der/die/das Nächste
	der Nächste, bitte!
	das Nächste wäre …
	als Nächstes
	
	nahe bringen/gehen/legen/
	liegend/stehen/stehend …
	des Näheren [erklären]
	
	der/die/das Nämliche
	Narziss
	Narzissmus, Narzisst, narzisstisch
	nass
	nasskalt, Nassrasur …
	nässt, genässt
	nass geschwitzt
	nebeneinander legen/sitzen/
	stellen …
	nebenhergehen/**nebenher gehen**
	
	Nebenstehendes
	  das Nebenstehende
	  im Nebenstehenden
	Necessaire, *auch* **Nessessär**
	Negligee, *auch* **Negligé**
	Negrospiritual
	nein/Nein sagen
	Nervus Rerum
	
	neu eröffnet
	  ein neu eröffnetes Café
	neu verheiratet *(wieder, erneut),*
	  aber: neuverheiratet
	  (gerade eben erst)
	neu vermählt *(wieder, erneut),*
	  aber: neuvermählt
	  (gerade eben erst)
	aufs Neue

alte Schreibung	neue Schreibung
New Age	Newage, *auch* New Age
New Look	Newlook, *auch* New Look
nichtrostend	nicht rostend *(fachsprachlich auch Zusammenschreibung)*
nichtssagend *(bei Betonung von „nichts")*	nichts sagend/ahnend
nieder/Nieder	
hoch und nieder *(jedermann)*	Hoch und Nieder
niederländisch/Niederländisch	
vgl. deutsch/Deutsch	
niedrig/Niedrig	
hoch und niedrig *(jedermann)*	Hoch und Niedrig
niedriggesinnt	niedrig gesinnt/stehend …
die niedriggesinnten Gegner	die niedrig gesinnten Gegner
No-future-Generation	No-Future-Generation
Nonstopflug	Nonstopflug/Nonstop-Flug/Non-Stop-Flug
norwegisch/Norwegisch	
vgl. deutsch/Deutsch	
not/Not	
notleidend	Not leidend
der/die Notleidende	der/die Not Leidende/Notleidende
not sein/tun/werden	Not sein/tun/werden
es ist/tut not	es ist/tut Not
null/Null	
auf Null stehen	auf null stehen
unter Null sinken	unter null sinken
in Null Komma nichts	in null Komma nichts
numerieren	nummerieren
Nuß	Nuss
Nüßchen, Nußbaum …	Nüsschen, Nussbaum …
Nutz	
zunutze [machen]	zunutze/zu Nutze [machen]

O

alte Schreibung	neue Schreibung
O-beinig	o-beinig/O-beinig
oben	
obenerwähnt *(bereits genannt)*	oben erwähnt/stehend/genannt
der obenerwähnte Titel	der oben erwähnte Titel
das Obenerwähnte	das oben Erwähnte/das Obenerwähnte

oben Stehendes/Obenstehendes

alte Schreibung	neue Schreibung
obenstehendes *(dieses)* im obenstehenden *(oben)*	oben Stehendes / Obenstehendes im oben Stehenden / im Obenstehenden
obig im obigen *(oben)*	 im Obigen
offenbleiben	offen bleiben / halten / lassen / legen / stehen
O-förmig	o-förmig / O-förmig
oft des öft[e]ren *(oft)*	 des Öft[e]ren
Op-art	Op-Art
Open air Open-air-Festival	Openair, *auch* Open Air Openairfestival, *auch* Open-Air-Festival
Open-end-Diskussion	Openenddiskussion, *auch* Open-End-Diskussion
orange *usw. vgl.* blau *usw.*	
Ordonnanz	Ordonnanz, *auch* Ordonanz
Orthographie	Orthographie, *auch* Orthografie
P	
Panther	Panther, *auch* Panter
Pappmaché	Pappmaschee, *auch* Pappmaché
Paragraph	Paragraph, *auch* Paragraf
parallellaufend	parallel laufend
Paranuß	Paranuss
Partys / Parties *(Plural von* Party)	Partys
Paß	Pass
passé	passee, *auch* passé
paßt, paßte, gepaßt *(zu* passen) paß auf! paßt auf!	passt, passte, gepasst pass auf! passt auf!
Peep-Show	Peepshow
Personality-Show	Personalityshow
Phantasie, *auch* Fantasie *(Musikstück nur so)*	Fantasie *(Musikstück nur so), auch* Phantasie
Phon Phonzahl	Phon, *auch* Fon Phonzahl, *auch* Fonzahl
phono ... phonographisch	phono ..., *auch* fono ... phonografisch, *auch* fonografisch / phonographisch
usw.	*usw.*

alte Schreibung	neue Schreibung
Phono ... 　Phonogramm 　Phonometrie 　Phonotechnik 　Phonothek 　*usw.* **photo ...,** *auch* **foto ...** 　photochemisch 　photomechanisch 　photoelektrisch 　phototrop, *auch* fototrop *usw.* **Photo ...,** *auch* **Foto ...** 　Photochemie 　Photoeffekt 　Photometrie 　Photosphäre 　*usw.* **plazieren/placieren** **Platitüde** **Playback** **pleite gehen** **polnisch/Polnisch** 　*vgl.* deutsch/Deutsch **polyphon** **Pop-art** **Pontifizes** (*Plural von* Pontifex) **Pornographie** **Portemonnaie** **portugiesisch/Portugiesisch** 　*vgl.* deutsch/Deutsch **Potential** 　potentiell **präferentiell** **preßt, gepreßt** (*zu* pressen) 　preß! preßt! 　Preßling, Preßluft, Preßwehe ... **preziös** **Prozeß** **prunkliebend**	**Phono ...,** *auch* **Fono ...** 　Phonogramm, *auch* Fonogramm 　Phonometrie, *auch* Fonometrie 　Phonotechnik, *auch* Fonotechnik 　Phonothek, *auch* Fonothek 　*usw.* **foto ...,** *auch* **photo ...** 　fotochemisch, *auch* photochemisch 　fotomechanisch, *auch* photomechanisch 　fotoelektrisch, *auch* photoelektrisch 　fototrop, *auch* phototrop *usw.* **Foto ...,** *auch* **Photo ...** 　Fotochemie, *auch* Photochemie 　Fotoeffekt, *auch* Photoeffekt 　Fotometrie, *auch* Photometrie 　Fotosphäre, *auch* Photosphäre 　*usw.* **platzieren** **Plattitüde,** *auch* **Platitude** **Play-back,** *auch* **Playback** **Pleite gehen** (*aber:* pleite sein) **polyphon,** *auch* **polyfon** **Pop-Art** **Pontifizes,** *auch* **Pontifices** **Pornografie,** *auch* **Pornographie** **Portmonee,** *auch* **Portemonnaie** **Potenzial,** *auch* **Potential** 　potenziell, *auch* potentiell **präferenziell,** *auch* **präferentiell** **presst, gepresst** 　press! presst! 　Pressling, Pressluft, Presswehe ... **preziös,** *auch* **pretiös** **Prozess** **Prunk liebend/prunkliebend** (*aber nur:* sehr prunkliebend, noch prunkliebender; großen Prunk liebend)

Publicrelations

alte Schreibung	neue Schreibung
Public Relations	**Publicrelations**, *auch* **Public Relations**
punkt acht Uhr	Punkt acht Uhr
pushen	pushen, *auch* puschen
Pußta	Puszta

Q

quadrophon	quadrophon, *auch* quadrofon
Quentchen	Quäntchen
quer	
quergestreift	**quer gestreift**
ein quergestreifter Stoff	ein quer gestreifter Stoff
quergehen *(nicht wie vorgesehen verlaufen)*	**quer gehen**/legen/schießen …
Quickstep	Quickstepp

R

radfahren	**Rad fahren**/fahrend/schlagen/schlagend
Rand	
zu Rande kommen	zu Rande/zurande kommen
Rat	
zu Rate ziehen	zu Rate/zurate ziehen
ratsuchend	**Rat suchend**
der/die Ratsuchende	der/die Rat Suchende/Ratsuchende
rauh	**rau**
rauhbeinig, rauhhaarig, Rauhfaser, Rauhputz …	raubeinig, rauhaarig, Raufaser, Rauputz …
(aber: Rauheit*)*	
recht behalten	**Recht behalten**/bekommen/erhalten/geben/haben …
	(aber: ihr Tun bleibt recht *(richtig);* er hat recht *(richtig)* gehandelt*)*
Rechtens sein	**rechtens sein**
etwas für Rechtens halten/erachten	etwas für rechtens halten/erachten
rechtsstehend	**rechts stehend**
(polit.-ideolog.)	
Regreß	**Regress**

alte Schreibung	neue Schreibung

reich/Reich
 reichgeschmückt
     der reichgeschmückte Tisch
     arm und reich
 rein
 reingolden
 	
     ein reingoldener Becher
 	
     ins reine bringen
 	
     [mit jemandem/etwas] im reinen sein
 richtig
 richtiggehend
     eine richtiggehende Uhr
 	
     er hat immer richtiggelegen *(sich richtig verhalten)*
     einen Irrtum richtigstellen *(berichtigen)*
     das [einzig] richtige sein *(richtig)*
     [für] das richtigste [halten/sein] *(richtig)*
 richtigmachen *(berichtigen)*
 Riß
 riß *(zu* reißen*)*
     rißfest, Rißpilz
 roh *(unbearbeitet)*
     aus dem rohen arbeiten
     im rohen [fertig] sein *(roh)*
 Roheit
 Rommé
 rosigweiß
 Roß
     Rößl, Rößlein, Rößchen
 rot *usw. vgl.* blau *usw.*
 rotglühend
 	
 rot-blau *(rot und blau) usw.*
 rote Be[e]te
	reich geschmückt/verziert ...
	     der reich geschmückte Tisch
	     Arm und Reich
	
	 rein golden/seiden ..., *auch* **reingolden/reinseiden ...**
	     ein rein goldener/reingoldener Becher
	     ins Reine bringen/kommen/schreiben
	     [mit jemandem/etwas] im Reinen sein
	
	 richtig gehend
	     eine richtig gehende Uhr
	     (aber: richtiggehend *(ausgesprochen)*: eine richtiggehende Verschwörung*)*
	     er hat immer richtig gelegen
	
	     einen Irrtum richtig stellen
	
	     das [einzig] Richtige sein
	     [für] das Richtigste [halten/sein]
	
	 richtig machen
	 Riss
	 riss
	     rissfest, Risspilz
	
	     aus dem Rohen arbeiten
	     im Rohen [fertig] sein
	 Rohheit
	 Rommee, *auch* **Rommé**
	 rosig weiß
	 Ross
	     Rössl, Rösslein, Rösschen
	
	 rot glühend *(fachsprachlich – vom Eisen – auch Zusammenschreibung)*
	 rotblau/rot-blau *usw.*
	 Rote Be[e]te

alte Schreibung	neue Schreibung
Round-table Round-table-Konferenz	**Roundtable,** *auch* **Round Table** Roundtablekonferenz, *auch* Round-Table-Konferenz
Rowdies, *auch* **Rowdys** (Plural von Rowdy)	**Rowdys**
rückwärtsgehen *(sich verschlechtern)*	**rückwärts gehen**
ruhenlassen *([vorläufig] nicht bearbeiten)*	**ruhen lassen**
ruhigstellen *(zur Ruhe bringen)*	**ruhig stellen**
rumänisch / Rumänisch *vgl.* deutsch / Deutsch	
Rush-hour	**Rushhour**
russisch / Russisch *vgl.* deutsch / Deutsch	
Rußland	**Russland**

S

alte Schreibung	neue Schreibung
Safer Sex	**Safersex,** *auch* **Safer Sex**
Saisonnier	**Saisonnier,** *auch* **Saisonier**
Sales-promotion	**Salespromotion**
Samstag *usw. vgl.* Dienstag *usw.*	
sauberhalten	**sauber halten / machen**
Saxophon	**Saxophon,** *auch* **Saxofon**
Schande zuschanden machen	zu Schanden / zuschanden machen / gehen / werden
scharfmachen *(einen Hund)*	**scharf machen**
scharfschießen	**scharf schießen**
schätzenlernen *(den Wert einer Person oder Sache erkennen)*	**schätzen lernen**
schattenspendend	**Schatten spendend**
schaudererregend	**Schauder erregend / schaudererregend** *(aber nur: sehr schaudererregend, noch schaudererregender; kalten Schauder erregend)*
scheckigbraun	**scheckig braun**
scheelblickend	**scheel blickend**
Schenke Schenkwirtschaft *(neben* Schankwirtschaft)	**Schenke / Schänke** Schenkwirtschaft / Schänkwirtschaft *(neben* Schankwirtschaft)

alte Schreibung	neue Schreibung
schiefgehen *(nicht gelingen)*	**schief gehen**/laufen ... (*aber:* schieflachen)
Schiß	**Schiss**
schiß (*zu* scheißen)	**schiss**
Schlag/*schweiz., österr.:* schlag [acht Uhr]	**Schlag** [acht Uhr]
Schlammasse	**Schlammmasse**
schlechtberaten	**schlecht beraten**/bezahlt/gehen/ gelaunt/machen
ein schlechtberatener Kunde	ein schlecht beratener Kunde
Schlegel/*bergmännisch:* Schlägel	**Schlägel**
schlimm	
das schlimmste sein	das Schlimmste sein
es ist/wäre das schlimmste, daß/ wenn ... *(sehr schlimm)*	es ist/wäre das Schlimmste, dass/wenn ...
auf das/aufs schlimmste [zugerichtet werden]	auf das/aufs schlimmste/Schlimmste [zugerichtet werden] (*aber nur:* auf das/aufs Schlimmste gefasst sein)
schloß (*zu* schließen)	**schloss**
Schloß	**Schloss**
Schlößchen	Schlösschen
Schluß	**Schluss**
schlußfolgern	**schlussfolgern**
Schmiß	**Schmiss**
schmiß (*zu* schmeißen)	schmiss
schmutziggrau	**schmutzig grau**/gelb ...
schnellebig	**schnelllebig**
schneuzen	**schnäuzen**
schönmachen *(herausputzen)*	**schön machen** (*aber:* schönmachen ‚Männchen machen' (Hund))
schoß (*zu* schießen)	**schoss**
Schoß *(Pflanzentrieb)*	**Schoss**
Schößling	Schössling
schräglaufend	**schräg laufend**
schreckenerregend	**Schrecken erregend**/ **schreckenerregend** (*aber nur:* sehr schreckenerregend, noch schreckenerregender; großen Schrecken erregend)
schrecklich	
das schrecklichste sein	das Schrecklichste sein

schuld / Schuld

alte Schreibung	neue Schreibung
es ist/wäre das schrecklichste, daß/wenn ... *(sehr schrecklich)* auf das/aufs schrecklichste [zugerichtet werden] *(sehr schrecklich)*	es ist/wäre das Schrecklichste, dass/wenn ... auf das/aufs schrecklichste/ Schrecklichste [zugerichtet werden] *(aber nur:* auf das/aufs Schrecklichste gefasst sein)
schuld / Schuld **schuld geben** zuschulden kommen lassen	**Schuld geben/haben** zu Schulden/zuschulden kommen lassen
Schuß in Schuß [halten/haben ...] schußfertig Schußstärke ... **schußlig** *(neben* schusselig) **schwachbegabt** ein schwachbegabter Spieler **schwarz** *usw. vgl.* **blau** *usw.* **schwarzgestreift** **schwarzsehen** *(pessimistisch sein)* schwarz-weiß [malen] *(schwarz auf/und weiß)* aus schwarz weiß machen [wollen] das Schwarze Brett die Schwarze Kunst der Schwarze Peter der Schwarze Tod **schwedisch / Schwedisch** *vgl.* **deutsch / Deutsch** **schwerbehindert**	**Schuss** in Schuss [halten/haben ...] schussfertig Schussstärke ... **schusslig** *(neben* schusselig) **schwach begabt**/betont/bevölkert/ bewegt ein schwach begabter Spieler schwarz gestreift schwarz sehen *(aber:* schwarzsehen *(TV))* schwarzweiß/schwarz-weiß [malen] aus Schwarz Weiß machen [wollen] das schwarze Brett die schwarze Kunst der schwarze Peter der schwarze Tod **schwer behindert**/beladen/ beschädigt/fallen/krank/nehmen ... *(aber fachsprachlich:* schwerbehindert, schwerbeschädigt)
der/die Schwerbehinderte	der/die schwer Behinderte/Schwerbehinderte *(aber:* schwerstbehindert, der/die Schwerstbehinderte)
schwerwiegend **schwindelerregend**	**schwer wiegend**/schwerwiegend **Schwindel erregend**/ schwindelerregend *(aber nur:* sehr schwindelerregend,

alte Schreibung	neue Schreibung
	noch schwindelerregender; großen Schwindel erregend)
Science-fiction	**Sciencefiction**
sechs *usw. vgl.* **acht** *usw.*	
sechzig *usw. vgl.* **achtzig** *usw.*	
See-Elefant	**Seeelefant / See-Elefant**
segenspendend	**Segen spendend / segenspendend**
	(*aber nur:* sehr segenspendend, noch segenspendender; großen Segen spendend)
seinlassen *(nicht tun)*	**sein lassen**
seine / Seine	
jedem das Seine	jedem das Seine / seine
jedem das Seinige	jedem das Seinige / seinige
[für] die Seinen [sorgen]	[für] die Seinen / seinen [sorgen]
[für] die Seinigen [sorgen]	[für] die Seinigen / seinigen [sorgen]
Seismograph	**Seismograph**, *auch* **Seismograf**
Seite	
auf seiten	auf Seiten / aufseiten
von seiten	von Seiten / vonseiten
zu seiten (*aber:* zur Seite)	zu Seiten / zuseiten
selbstgebacken	**selbst gebacken** / geschneidert / gestrickt ...
selbständig	**selbständig / selbstständig**
seligpreisen	**selig preisen** / sprechen
Séparée	**Séparée**, *auch* **Separee**
sequentiell	**sequenziell**, *auch* **sequentiell**
seßhaft	**sesshaft**
Sex-Appeal	**Sexappeal**
S-förmig	**s-förmig / S-förmig**
Shantys/Shanties *(Plural von Shanty)*	**Shantys**
Shooting-Star	**Shootingstar**
Shopping-Center	**Shoppingcenter**
Short story	**Shortstory**, *auch* **Short Story**
Showdown	**Show-down**, *auch* **Showdown**
Shrimp	**Shrimp / Schrimp**
sicher / Sicher	
das sicherste sein	das Sicherste sein
es ist das sicherste, wenn ...	es ist das Sicherste, wenn ...
im sichern sein *(geborgen)*	im Sichern sein
auf Nummer Sicher gehen	auf Nummer Sicher / sicher gehen
sitzenbleiben *(in der Schule nicht versetzt werden)*	**sitzen bleiben**

sieben

alte Schreibung	neue Schreibung
sieben *usw. vgl.* **acht** *usw.*	
die Sieben Raben/Weltwunder …	die sieben Raben/Weltwunder …
siebzig *usw. vgl.* **achtzig** *usw.*	
S-Laut	**s-Laut**
slowakisch/Slowakisch	
vgl. **deutsch/Deutsch**	
slowenisch/Slowenisch	
vgl. **deutsch/Deutsch**	
Small talk	**Smalltalk**, *auch* **Small Talk**
so daß, *österr.* **sodaß**	**sodass/so dass**
Soft-Eis	**Softeis**
Soft Drink	**Softdrink**, *auch* **Soft Drink**
Soft Rock	**Softrock**, *auch* **Soft Rock**
sogenannt (*abgekürzt* sog.)	**so genannt**
Sonderheit	
insonderheit	in Sonderheit
Sonnabend *usw. vgl.* **Dienstag** *usw.*	
Sonntag *usw. vgl.* **Dienstag** *usw.*	
sonst (*irgend*)	
sonstjemand	sonst jemand/was/wer/wie/wo/ woher/wohin
sorbisch/Sorbisch	
vgl. **deutsch/Deutsch**	
Soufflé	**Soufflé**, *auch* **Soufflee**
soviel	**so viel**
das ist/bedeutet [doppelt]	das ist/bedeutet [doppelt]
soviel wie …	so viel wie …
soviel für heute (dieses)	so viel für heute
soviel [wie] du willst	so viel [wie] du willst
sowohl	
das Sowohl-Als-auch	das Sowohl-als-auch
Spaghetti	**Spaghetti**, *auch* **Spagetti**
spanisch/Spanisch	
vgl. **deutsch/Deutsch**	
spaßliebend	**Spaß liebend**
spazierengehen	**spazieren gehen**/fahren/führen/ reiten
Speedwayrennen	**Speedwayrennen**, *auch* **Speedway-Rennen**
speziell	
im speziellen (*besonders*)	im Speziellen
Spiritus rector	**Spiritus Rector**
spliß (*zu* spleißen)	**spliss**

alte Schreibung	neue Schreibung
sporttreibend	**Sport treibend**
Sproß	**Spross**
Sprößchen, Sprößlein, Sprößling	Sprösschen, Sprösslein, Sprössling
sproßte, gesproßt (*zu* sprießen)	**sprosste, gesprosst**
Square dance	**Squaredance**
Stand	
außerstand [setzen]	außerstand/außer Stand [setzen]
außerstande [sein]	außerstande/außer Stande [sein]
instand [setzen/halten ...]	instand/in Stand [setzen/halten...]
imstande [sein]	imstande/im Stande [sein]
zustande [bringen/kommen]	zustande/zu Stande [bringen/ kommen]
Standing ovations	**Standingovations,** *auch* **Standing Ovations**
starkbesiedelt	**stark besiedelt**/bevölkert ...
Statt/statt	
an [Eides ...] Statt	an [Eides ...] statt
statt dessen	**stattdessen**
staunenerregend	**Staunen erregend/staunenerregend** (*aber nur:* sehr staunenerregend, noch staunenerregender; großes Staunen erregend)
steckenbleiben	**stecken bleiben**/lassen
stehenbleiben	**stehen bleiben**/lassen
Stendel[wurz]	**Ständel[wurz]**
Stengel	**Stängel**
stengelig	stängelig
Stenographie, *auch* **Stenografie**	**Stenografie,** *auch* **Stenographie**
Stenograph, stenographisch, *auch* Stenograf, stenografisch	Stenograf, stenografisch, *auch* Stenograph, stenographisch
Step [tanzen]	**Stepp** [tanzen]
Stereophonie	**Stereophonie,** *auch* **Stereofonie**
stereophon(isch)	stereophon(isch), *auch* stereofon(isch)
Stewardeß	**Stewardess**
stiftengehen	**stiften gehen**
still	
stillbleiben	**still bleiben**/halten/sitzen/stehen (*aber:* stillhalten (*erdulden*)/stillsitzen (*unbeweglich sitzen*)/stillstehen (*außer Betrieb sein*))
im stillen (*unbemerkt*)	im Stillen
Stock-Car	**Stockcar**

Stopp

alte Schreibung	neue Schreibung
Stopp, *(beim Tennis:)* **Stop**	**Stopp** *(auch beim Tennis)* *(aber auf Verkehrsschildern:* stop!*)*
Storys/Stories *(Plural von* Story*)*	**Storys**
strenggenommen	**streng genommen**/**nehmen**
Streß	**Stress**
Streßsituation	Stresssituation
Stukkateur	**Stuckateur**
Stuß	**Stuss**
substantiell	**substanziell,** *auch* **substantiell**
T	
tabula rasa [machen]	**Tabula rasa** [machen]
Tag	
zutage [bringen …]	zutage/zu Tage [bringen/kommen/fördern/treten]
Talk-Show	**Talkshow**
Täßchen	**Tässchen**
taubstellen	**taub stellen**
T-bone-Steak	**T-Bone-Steak**
Tea-Room	**Tearoom**
Tête-à-tête	**Tete-a-tete** / **Tête-à-tête**
Thunfisch	**Thunfisch,** *auch* **Tunfisch**
Tie-Break	**Tiebreak,** *auch* **Tie-Break**
Time-sharing	**Timesharing**
Tip	**Tipp**
Toe-loop	**Toeloop**
Tolpatsch	**Tollpatsch**
Topographie	**Topographie,** *auch* **Topografie**
top-secret	**topsecret**
tot	
totgeboren	**tot geboren**
totstellen	**tot stellen**
	(aber weiterhin: totarbeiten, totärgern, totfahren, tothetzen, totkriegen, totlachen, totmachen, totsagen, totschießen, totschlagen, totschweigen, tottrampeln, tottreten*)*
Trekking	**Trekking,** *auch* **Trecking**
treuergeben	**treu ergeben**/**gesinnt**

alte Schreibung	neue Schreibung
Trial and error	Trial and Error
trocken	
trockensitzen	trocken sitzen
(ohne Getränke dasitzen)	
trockenstehen *(keine Milch geben)*	trocken stehen *(aber weiterhin:* trockenwischen *(durch Wischen trocken machen)* gegenüber trocken *(nicht feucht)* wischen usw.)
auf dem trock[e]nen sitzen *(in [finanzieller] Verlegenheit sein)*	auf dem Trock[e]nen sitzen
auf dem trock[e]nen sein *(festsitzen)*	auf dem Trock[e]nen sein
[seine Schäfchen] ins trock[e]ne bringen / im trock[e]nen haben *(sich wirtschaftlich sichern / gesichert sein)*	[seine Schäfchen] ins Trock[e]ne bringen / im Trock[e]nen haben
im trock[e]nen sein *(geborgen sein)*	im Trock[e]nen sein
tropfnaß	tropfnass
Troß	Tross
trüb[e]	
im trüben fischen	im Trüben fischen
(unlautere Geschäfte machen)	
tschechisch / Tschechisch	
vgl. deutsch / Deutsch	
tschüs!	tschüs! / tschüss!
türkisch / Türkisch	
vgl. deutsch / Deutsch	
Twostep	Twostepp
Typographie	Typografie, *auch* Typographie

U

u. ä. *(und ähnliches)*	u. Ä. *(und Ähnliches)*
übel	
übelgelaunt	übel gelaunt / beraten
der übelgelaunte Affe	der übel gelaunte Affe
übelgesinnt	übel gesinnt
übelnehmen	übel nehmen / tun / wollen
Überdruß	Überdruss
übereinanderlegen	übereinander legen / schreiben / stehen …

überhand nehmen

alte Schreibung	neue Schreibung
überhandnehmen	überhand nehmen
Überschuß	Überschuss
überschwenglich	überschwänglich
übrig	
übrigbehalten	übrig behalten/bleiben/lassen …
das/alles übrige *(andere)*	das/alles Übrige
im übrigen *(sonst, ferner)*	im Übrigen
ein übriges [tun]	ein Übriges [tun]
die/alle übrigen *(anderen)*	die/alle Übrigen
U-förmig	u-förmig/U-förmig
Ultima ratio	Ultima Ratio
um ein bedeutendes [größer …] *(sehr viel)*	um ein Bedeutendes [größer …]
um ein beträchtliches [größer …] *(sehr viel)*	um ein Beträchtliches [größer …]
um ein kleines *(wenig)*	um ein Kleines
sich um ein kleines irren/verfehlen …	sich um ein Kleines irren/verfehlen …
um so …, österr. umso …	umso
um so mehr, österr. umso mehr/umsomehr	umso mehr
um so weniger, österr. umso weniger/umsoweniger	umso weniger
umstehendes *(das, was auf der folgenden Seite steht)*	**Umstehendes**
im umstehenden *(umstehend)*	im Umstehenden
unbekannt	
ein Verfahren gegen Unbekannt	ein Verfahren gegen unbekannt
unermeßlich	unermesslich
[bis] ins unermeßliche	[bis] ins Unermessliche
ungarisch/Ungarisch	
vgl. deutsch/Deutsch	
ungeheuer	
ins ungeheure [steigern …]	ins Ungeheure [steigern …]
ungewiß	ungewiss
Ungewißheit	Ungewissheit
im ungewissen bleiben *(ohne genaue Auskunft)*	im Ungewissen bleiben/lassen/sein
ungezählte [kamen …]	Ungezählte [kamen …]
Ungunst	
zuungunsten *(aber:* zu seinen Ungunsten*)*	zuungunsten/zu Ungunsten

alte Schreibung	neue Schreibung
Unheil	
unheilverkündend	**Unheil verkündend/unheilverkündend** (*aber nur:* großes Unheil verkündend)
unheilbringend	**Unheil bringend/unheilbringend** (*aber nur:* großes Unheil bringend) (*weiterhin nur:* unheildrohend)
unklar	
[sich] im unklaren [befinden/sein]	[sich] im Unklaren [befinden/sein]
unpäßlich	**unpässlich**
unrecht behalten	**Unrecht behalten**/bekommen/ erhalten/geben/haben … (*aber:* sein Tun bleibt unrecht *(falsch)*; sie hat unrecht *(falsch)* gehandelt)
unser/Unser	
das Uns[e]re	das Uns[e]re/uns[e]re
das Unsrige	das Unsrige/unsrige
die Uns[e]ren	die Uns[e]ren/uns[e]ren
die Unsrigen	die Unsrigen/unsrigen
unten	
untenerwähnt (*weiter unten genannt*)	**unten erwähnt**/stehend/genannt
der untenerwähnte Titel	der unten erwähnte Titel
das Untenerwähnte	das unten Erwähnte/Untenerwähnte
untenstehendes (*dieses*)	**unten Stehendes/Untenstehendes**
im untenstehenden (*unten*)	im unten Stehenden/Untenstehenden
unterderhand	**unter der Hand**
untereinanderlegen	**untereinander legen**/schreiben/ stellen …
unzählige [kamen]	**Unzählige** [kamen]
V	
va banque spielen	**Vabanque spielen**, *auch* va banque spielen
Varieté	**Varietee**, *auch* **Varieté**
verbleuen	**verbläuen**
verborgen	
im verborgenen [blühen …] *(unbemerkt)*	im Verborgenen [blühen…]
verderbenbringend	**Verderben bringend**

alte Schreibung	neue Schreibung

Verdruß
  verdroß (*zu* verdrießen)
vereinzelte [kamen ...]
verfaßt (*zu* verfassen)
  verfaß! verfaßt!
vergißt (*zu* vergessen)
  vergiß! vergeßt!
Vergißmeinnicht
Verlaß
  verläßlich
verlorengehen
verschieden
  verschiedene *(manche)* [kamen ...]
  verschiedenste *(manche)* [kamen ...]
  verschiedenes *(manches)* [war unklar]
  verschiedenstes *(manches)* [war zu hören]
verschliß (zu verschleißen)
vertrauenerweckend
	Verdruss
	  verdross
	Vereinzelte [kamen ...]
	verfasst
	  verfass! verfasst!
	vergisst
	  vergiss! vergesst!
	Vergissmeinnicht
	Verlass
	  verlässlich
	verloren gehen
	
	  Verschiedene [kamen ...]
	  Verschiedenste [kamen ...]
	  Verschiedenes [war unklar]
	  Verschiedenstes [war zu hören]
	
	verschliss
	Vertrauen erweckend/bildend
	  (*aber nur:* sehr vertrauenerweckend, noch vertrauenerweckender; großes Vertrauen erweckend; *nur:* vertrauensbildend)

V-förmig
Vibraphon
vielbefahren
 	
  eine vielbefahrene Strecke
  ein vielsagender Blick
  ein vielversprechendes Ereignis
	v-förmig/V-förmig
	Vibraphon, *auch* **Vibrafon**
	viel befahren/beschäftigt/besprochen/gelesen/zitiert ...
	  eine viel befahrene Strecke
	  ein viel sagender/vielsagender Blick
	  ein viel versprechendes/vielversprechendes Ereignis (*aber nur:* ein sehr vielsagender Blick, ein noch vielversprechenderes Ereignis)

vier *usw. vgl.* **acht** *usw.*
viertel
  in dreiviertel Stunden
  um [drei] Viertel acht [Uhr]
vierzig *usw. vgl.* **achtzig** *usw.*
vis-à-vis
voll
  ins volle [greifen] *(viel nehmen [können])*
	
	  in drei viertel Stunden
	  um [drei] viertel acht [Uhr]
	
	vis-a-vis/vis-à-vis
	
	  ins Volle [greifen]

alte Schreibung	neue Schreibung
aus dem vollen [schöpfen] im vollen leben *(in Wohlstand)* in die vollen gehen *(etwas mit Nachdruck betreiben)* **von seiten** **voneinandergehen** *(sich trennen)* **vorangehen** im vorangehenden *(weiter oben)* **voraus** im voraus zum voraus **vorausgehen** im vorausgehenden *(weiter oben)* **vorhergehen** im vorhergehenden **vorhinein** im vorhinein **vorliebnehmen** **vormittag/Vormittag** *vgl.* abend/ Abend **Vorschuß** **vorteilbringend** **vorwärtsblicken** *(vorausschauen; optimistisch sein)* **W** **Wächte** **Waggon** **Walkie-talkie** **Walnuß** **Walroß** **wärmespendend** **warm** **warmhalten** *(etwas; sich jmdn.)*	aus dem Vollen [schöpfen] im Vollen leben in die Vollen gehen **von Seiten/vonseiten** **voneinander gehen** im Vorangehenden im Voraus zum Voraus im Vorausgehenden im Vorhergehenden im Vorhinein **vorlieb nehmen** **Vorschuss** **Vorteil bringend/vorteilbringend** *(aber nur:* sehr vorteilbringend, noch vorteilbringender; großen Vorteil bringend) **vorwärts blicken**/blickend/gehen/ kommen **Wechte** **Waggon**, *auch* **Wagon** **Walkie-Talkie** **Walnuss** **Walross** **Wärme spendend/wärmespendend** *(aber nur:* sehr wärmespendend, noch wärmespendender; viel Wärme spendend) *(etwas)* **warm halten**

warm laufen/warmlaufen

alte Schreibung	neue Schreibung
das Essen warmhalten	das Essen warm halten
	(sich jmdn.) **warmhalten/warm halten**
warmlaufen *(Motor)*	**warm laufen/warmlaufen**
(aber: sich warm laufen)	sich warm laufen/warmlaufen
	den Motor warm laufen/warm-
	laufen lassen
	(aber weiterhin: warm machen *(das*
	Essen), warm werden *(mit jmdm.))*
wasserabweisend	**Wasser abweisend**
wäßrig	**wässrig**
Weg	
zuwege [bringen]	zuwege/zu Wege [bringen]
weh tun	**wehtun**
weichgekocht	**weich gekocht**/gedünstet/geklopft/
	machen …
weichgekochtes Fleisch	weich gekochtes Fleisch
weinliebend	**Wein liebend/weinliebend**
	(aber nur: sehr weinliebend)
weiß *usw. vgl.* **blau** *usw.*	
weißblühend *usw.*	**weiß blühend** *usw.*
aus schwarz weiß machen [wollen]	aus Schwarz Weiß machen [wollen]
der Weiße Tod *(Tod durch Erfrieren)*	der weiße Tod
weißglühend	**weiß glühend** *(fachsprachlich – vom*
	Eisen – auch Zusammenschreibung)
weißkalken	**weiß kalken**/tünchen/waschen
	(Wäsche) (aber weiterhin: weißnähen
	(fachsprachlich), weißwaschen
	(eine Beschuldigung abwenden))
weit	
weitgereist	**weit gereist**/verbreitet/verzweigt
weitblickend *(voraussehend)*	**weitblickend/weit blickend**
weitgehend *(größtenteils)*	**weitgehend/weit gehend**
weithinaus	**weit hinaus**
des weiteren	des Weiteren
im weiteren	im Weiteren
wenigbefahren	**wenig befahren**
eine wenigbefahrene Strecke	eine wenig befahrene Strecke
wesentlich	
im wesentlichen	im Wesentlichen
widereinanderstoßen	**widereinander stoßen**
wieder	
wiederaufheben/wieder aufheben	**wieder aufheben** *(eine Verordnung,*
	einen Gegenstand vom Boden)

alte Schreibung	neue Schreibung
wiederaufnehmen / wieder aufnehmen	**wieder aufnehmen** *(eine Verhandlung, eine Beziehung; ein abgestelltes Gepäckstück usw.)*
wiederaufrichten / wieder aufrichten	**wieder aufrichten** *(einen Mast, einen Menschen in seiner Niedergeschlagenheit usw.)*
wiederaufsuchen / wieder aufsuchen	**wieder aufsuchen** *(erneut aufsuchen)*
wiederauftauchen / wieder auftauchen	**wieder auftauchen** *(erneut zum Vorschein kommen)*
wiedereinfallen / wieder einfallen	**wieder einfallen** *(ins Gedächtnis kommen; erneut [in ein Land] eindringen)*
wiedereinführen / wieder einführen	**wieder einführen** *(ein altes Recht; Waren)*
wiedereingliedern / wieder eingliedern	**wieder eingliedern** *(jmdn./etwas in eine bestehende Ordnung)*
wiedereinsetzen / wieder einsetzen	**wieder einsetzen** *(jmdn./etwas in seine vorherige Position)*
wiederherrichten / wieder herrichten	**wieder herrichten** *(in Ordnung bringen, in den alten Zustand versetzen)*
wiederherstellen / wieder herstellen	**wieder herstellen** *(einen alten Zustand)*
wiedertun / wieder tun	**wieder tun** *(erneut tun)* *(weiterhin nur:* wiederkäuen *und* wiederkehren; wieder abdrucken, wieder anfangen, wieder anpfeifen; *in allen anderen Fällen je nach Bedeutung und Betonung weiterhin Getrennt- und Zusammenschreibung, z.B.* wiederaufbauen *(ein zerstörtes Land) und* wieder aufbauen *(ein zerstörtes/verfallenes Gebäude) usw.)*
Wiedersehen jemandem auf Wiedersehen sagen	jemandem Auf Wiedersehen / auf Wiedersehen sagen
wieviel	**wie viel**
wildlebend	**wild lebend** / wachsend
wohlbekannt	**wohl** *(gut)* **bekannt** / bereitet / bewahrt / ergehen / geplant / gerichtet / informiert / klingend / riechend / tun / tuend … *(aber:* wohlgeformt / wohl geformt

alte Schreibung	neue Schreibung
	wohlgelitten/wohl gelitten wohlgenährt/wohl genährt wohltemperiert/wohl temperiert)
Wunder wunder was [glauben] **wundliegen** **wußte, gewußt** (*zu* wissen)	**Wunder** was [glauben] **wund liegen**/laufen **wusste, gewusst**
X	

X-beinig
x-beliebig
   [jeder] x-beliebige
X-förmig
	x-beinig/**X-beinig**
	
	   [jeder] x-Beliebige
	x-förmig/**X-förmig**

Z	

Zäheit
Zahlung
   an Zahlungs Statt
Zäpfchen-R
zartbesaitet/**-fühlend**
	Zähheit
	
	   an Zahlungs statt
	Zäpfchen-r/**Zäpfchen-R**
	zart besaitet/**zartbesaitet** ...
	   ein zart besaiteter/zartbesaiteter
	   Jüngling

zehn *usw. vgl.* **acht** *usw.*
zehntausend/**Zehntausend**
   (die oberen) Zehntausend
	
	   (die oberen) Zehntausend/
	   zehntausend

zeit/**Zeit**
   eine Zeitlang (*aber:* eine kurze Zeit
   lang)
zeitraubend/**-sparend**/**-vergeudend**
	
	   eine Zeit lang
	
	Zeit raubend/**zeitraubend** ...
	   (*aber nur:* sehr zeitraubend, noch
	   zeitraubender; viel Zeit raubend)

Zierat **zigtausende** [kamen ...] **Zoo-Orchester** **zu eigen** [nennen/geben/machen] **zu Hause** [bleiben] **zu Lasten** [gehen]	**Zierrat** **zigtausende**/**Zigtausende** [kamen ...] **Zooorchester**/**Zoo-Orchester** **zu Eigen** [nennen/geben/machen] **zu Hause**, *österr., schweiz. auch* zuhause **zulasten**/**zu Lasten** [gehen]

alte Schreibung	neue Schreibung
zueinanderfinden *(sich lieben lernen; Freundschaft schließen)*	**zueinander finden**
zufriedenlassen	**zufrieden lassen**/geben/stellen
zugrunde [gehen/richten ...]	**zugrunde**/**zu Grunde** [gehen/richten ...]
zugunsten *(aber:* zu seinen Gunsten*)*	**zugunsten**/**zu Gunsten**
zulande	[bei uns] **zulande**/**zu Lande**
zu Lasten [des/der/von]	**zulasten**/**zu Lasten** [des/der/von]
zuleide [tun]	**zuleide**/**zu Leide** [tun]
zumute [sein]	**zumute**/**zu Mute** [sein]
zunutze [machen]	**zunutze**/**zu Nutze** [machen]
zu Rande [kommen]	**zurande**/**zu Rande** [kommen]
zu Rate [ziehen]	**zurate**/**zu Rate** [ziehen]
zusammensein	**zusammen sein**
zuschanden [machen ...]	**zuschanden**/**zu Schanden** [machen ...]
zuschulden [kommen lassen]	**zuschulden**/**zu Schulden** [kommen lassen]
Zuschuß	**Zuschuss**
zu seiten	**zu Seiten**/**zuseiten**
zustande [bringen/kommen]	**zu Stande**/**zustande** [bringen/kommen]
zutage [treten]	**zutage**/**zu Tage** [treten]
zuungunsten [ausgehen ...]	**zuungunsten**/**zu Ungunsten** [ausgehen ...]
zuwege [bringen]	**zuwege**/**zu Wege** [bringen]
Zungen-R	**Zungen-r**/**Zungen-R**
zupaß [kommen]	**zupass** [kommen]
zuviel [des Guten]	**zu viel** [des Guten]
zuwenig [wissen]	**zu wenig** [wissen]
zwanzig *usw. vgl.* achtzig *usw.*	
zwei *usw. vgl.* acht *usw.*	
das zweite Gesicht	das Zweite Gesicht
der zweite/Zweite Weltkrieg	der Zweite Weltkrieg
zwölf *usw. vgl.* acht *usw.*	

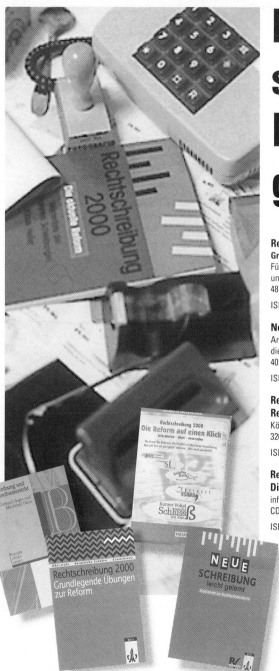

Richtig schreiben leicht gemacht!

Rechtschreibung 2000
Grundlegende Übungen zur Reform
Für Oberstufe, Berufliche Schulen und Erwachsene
48 Seiten

ISBN 3-12-320680-7

Neue Schreibung – leicht gelernt
Arbeitsheft zur Rechtschreibreform für die Sekundarstufe I
40 Seiten

ISBN 3-12-320670-X

Rechtschreibung und Rechtschreibunterricht
Können – Lehren – Lernen
320 Seiten

ISBN 3-12-320630-0

Rechtschreibung 2000
Die Reform auf einen Klick!
informieren – üben – anwenden
CD-ROM zur Rechtschreibreform

ISBN 3-12-133020-9

Ernst Klett Verlag
Postfach 10 60 16, 70049 Stuttgart